BIOGRAPHIES SERIES
WORLD NOBEL PRIZE WINNERS F

诺贝尔奖获奖者传记丛书

THOMAS EDISON：A BIOGRAPHY

爱迪生传

罗东毓◎著

时代文艺出版社

授奖辞

Award-winning Remarks

诺贝尔奖委员会于1912年评选出爱迪生和特斯拉为诺贝尔物理学奖得主。然而，他们没有领奖。

——诺贝尔奖委员会

目录

Contents

序 言

THOMAS

一个改变了我们生活的人

DEISON

1847年2月11日在美国俄亥俄州的米兰小镇，上帝为人类送来一位天使。他以84岁8个月又7天的生命，为整个世界文明的进步，为改变人类生活的品质做出了杰出贡献而载入史册。

他是一个对全球都具有巨大影响力的人，一生充满了传奇色彩，穷尽一生力量为人类谋求幸福。他，就是举世闻名的电学家、科学家和发明家——托马斯·阿尔瓦·爱迪生（Thomas Alva Edison）。

你相信吗？这个传奇人物从来没有受过正式教育。他的学历，仅仅是小学三个月。天赋异禀的他饱受白眼、讥讽，甚至被人骂做“笨蛋”“糊涂虫”，被认为是低能儿。是南希妈妈的母爱成就了他辉煌的人生。少年的他忍受过饥饿，经历过颠沛流离，承受过飞来横祸。青年时，不计其数的失败煎熬过他，疾风骤雨般的冷嘲热讽打击过他。但是，他凭借着对生活的热爱，对科学的执著不屈，一步一个脚印地踏实前行，没有什么可以动摇他的意志，没有什么可以阻挡他通往科学顶峰的道路。他把自己的全部身心和毕生精力都奉献给了科学研究事业。即便到了晚年，也从未停息在科学道路上探寻的脚步。

爱迪生一生的发明创造约有2000项，在专利局登记注册的就有1328种。平均每15天他就有一种新的发明。如果以1882年的发明来计算，平均只有两天半多一点的时间，就会有一种新的发明创造横空出世。

爱迪生生活在南北战争后的美国，正是资本主义从竞争走向垄断的时代。这正如一颗非凡的种子置身于肥沃的土壤。起初，由于实现了产业革命，一些资本主义的工场手工业，逐渐成长为现代化大工业，进一步向社会化发展。但科学研究仍然是少数科学家和发明家独自活动的领域，科学研究事业并没有相应地实现社会化，有组织地加入到大工业的企业去。到19世纪末，由于电力工业异军突起，给科学研究提出了更复杂的课题，使原来独立分散的科学家和发明家感到难以适应。科学研究在社会的变化中发展，孕育出了有组织的工业研究所。其中，最具有代表性的就是爱迪生所创建的位于门罗公园的实验室，以及后来在纽约和勒威林公园建立的实验室，它们就是现代科技研究组织的雏形。许多在各个专业领域都非常优秀的人物，聚集在爱迪生周围，在他的指导下，围绕着明确的科学命题进行分工合作。神奇的留声机，白炽电灯，电影，蓄电池等重要发明，正是在他的主持下，通过大家的共同努力，相继问世。

爱迪生在科学技术中最重大的贡献是发明了留声机和白炽电灯。他在当时的人们眼中就是一位神奇的魔法师。他的奇思妙想即使是《一千零一夜》里那位想象力极为丰富的皇后山鲁佐德(Shahrazad)也相形见绌。1877年8月20日，他在人们的瞠目结舌中，发明了“会说话的机器”——留声机。这神奇的盒子能让时光倒流，让优美的旋律原音再现。1880年1月，又在上万次的挫败中点亮了黑暗中的太阳——白炽电灯。在他发明白炽灯之前，无论乡村还是城市，街道还是居室，都点着昏暗又危险的煤气灯。是他让这个世界摆脱了黑夜的束缚，让黑暗无所遁形，给了人类一双洞察黑暗的眼睛。而1910年8月27日有声电影的问世更是让人们惊叹不已，千姿万幻的影像声音映射在一方屏幕上，演绎出万种人生。

他的每一种发明，无一不是用心血和汗水浇灌培育的成果，无一不是坚毅的品性与科学知识的结晶。他是有史以来最伟大的发明家，开创了现代世界技术革新之先河。这位不知疲倦的发明家把人类社会从蒸汽时代带入了电器时代。

爱迪生一生都在用科学的方法为人类社会谋求幸福，他的每一项发明都与我们的生活息息相关。现代社会，我们已经很难想象没有电，无法点亮一盏灯，不能打电话，没有唱片和电影的生活会是怎样的。1868年，他发明了一种自动记录投票的装置，这也是他获得的第一项发明专利权。欣喜之余，他却发现这种装置在当时的社会背景下毫无用处，更不能为大众服务。从此，他下定决心“再也不搞人们不需要的发明。”他的座右铭是："我探求人类需要什么，然后我就迈步向前，努力去把它发明出来。"电或者电话并不是爱迪生发明的，但是他那种实用性的发明和改进把电和电话的用途推向了社会的每一个角落，可以让更多的人受益，改善了生活品质，推动了人类社会的发展。是他改变了我们的生活，他就是上帝送给人类的最好的礼物。

爱迪生是当代最伟大的发明家，是古往今来罕见的奇人伟士。他那些不可思议的发明创造，推动着整个世界向文明的最高峰大步迈进。

1931年10月18日清晨3时24分，爱迪生带着宽慰的微笑，闭目辞世，享年84岁。临终时他坦然地说："我为人类的幸福，已经尽了心力，没有什么好遗憾的了。"几天后全美国都停电一分钟，以纪念这个以他的发明大大改变并改善了各地人民生活品质的人。让我们记住这个为了我们谋求幸福的科学巨匠——托马斯·阿尔瓦·爱迪生。

Chapter1

第一章　降临人间

THOMAS

EDISON

1. 我是一个笨小孩

1847年2月11日凌晨，美国俄亥俄州米兰小镇。

窗外彤云密布，漫天的风雪踌躇在天与地之间，似乎上帝在艰难的做着一个决定。

温暖的小屋里，塞缪尔·爱迪生（Samuel Edison）毫无倦意，背着手，在房间里不停地踱来踱去。因为，他心爱的妻子南希（Nancy）即将临产，将要为他诞下第7个孩子。他想起之前连续夭折的三个孩子，真是心如刀割。此刻，他只有默默地祈祷，请求上帝能赐予他一个健康可爱的孩子。

塞缪尔·爱迪生的祖先本是荷兰人，于1729年从荷兰阿姆斯特丹移居美洲。他的祖父约翰·爱迪生因为在美国独立战争中支持英国军队，当英军战败后，被迫带着全家迁徙到加拿大的新斯科舍避难。一家人以务农为主业，逐渐安定并在此定居下来。塞缪尔·爱迪生成年后来到伊利湖畔的维恩那城开了一家小旅馆，并在此结识了美丽善良的苏格兰籍的加拿大女教师南希。南希善良正直的品性深深地吸引着他，于是，塞缪尔对她展开了追求，两人相恋后，爱意渐浓，于1828年结婚。后来，幸福恩爱的他们再次迁徙到了俄亥俄州的米兰小镇。塞缪尔经营着屋瓦和木板的生意，日子过得还算富裕。南希在婚后曾经生了6个孩子，可不幸的是，在这个孩子之前的3个孩子连续夭折，让南希悲伤不已。所以，她也期待着这个孩子的出世，只愿她的宝贝健康就好。

随着一声响亮的啼哭，一个天使般的男婴呱呱坠地，淡金色的头发，湖水般澄澈的眼睛，圆圆的小脸。眼前的这个婴孩让已经43岁的塞缪尔喜出望外，他拥紧历经磨难的妻子，激动的心已经被幸福漫溢。

他绞尽脑汁地想为这个可爱的婴儿取个有意义的名字，可是叫什么合适呢？恰逢此刻，他的哥哥托马斯来到家中，兴奋的塞缪尔为表示对哥哥的尊敬和不忘记阿尔瓦船长对他们一家的帮助，便为这个刚刚降临人间的小天使起名托马斯·阿尔瓦·爱迪生。南希更喜欢亲昵地称她最小的宝贝儿子为阿尔。

然而，医生的一句话犹如晴天霹雳，让塞缪尔一家顷刻间从天堂跌入地狱。“这孩子恐怕有先天性脑炎。”医生摊开双手摇了摇头，望着这个刚刚出生的小婴儿，喃喃自语。南希看着儿子与众不同的硕大的头颅，欲哭无泪。医生的断言，丈夫的长吁短叹，脑海里一幕幕可怕的想象，折磨着这位善良母亲的心。

接下来的日子果然难熬，这个名叫托马斯·阿尔瓦·爱迪生的孩子天生孱弱，经常生病。南希又着急又难过，经常在深夜抱着啼哭不止的阿尔发怔：上帝啊，我已经饱受苦难，你为什么还要这样折磨我呢？但是南希善良的禀性和心底那巨大的母爱促使她更加细心周到地照顾着可怜的小爱迪生。渐渐地，爱迪生在妈妈的精心呵护下一天比一天结实，转眼间，已经可以咿呀学语了。此刻的他，看起来和健康的孩子没有什么不同。一家人总算阴霾散尽，心情也逐渐明朗起来。

长大一点的小爱迪生又开始让家人伤透了脑筋。小孩子都有好奇心，可这个小家伙和他的哥哥姐姐们有所不同，从会讲话起就喜欢提问，而且喜欢刨根问底，经常把大人们问得瞠目结舌，回答不上来，有时候就随便找个说法对他敷衍了事。可是，小爱迪生天生就是一副倔强的脾气，当他对这些答案不满意时就会亲自去实验，直到弄明白为止。

他的姐姐黛妮不小心打破了玻璃杯，他马上盯着满地碎片问姐姐："玻璃杯掉在地上为什么会碎掉呢？"和哥哥威廉去郊外玩，哥哥为逗他开心抓了一只蜻蜓给他玩，可他又惊奇地看着蜻蜓的大眼睛问："哥哥，蜻蜓的眼睛怎么长到头顶上呢？"

威廉说："不知道。"

"那你，为什么不知道呢？"哥哥被他问得无言以对。

久而久之，哥哥姐姐们不堪其扰，没人再愿意带他出去玩。只有妈妈总是微笑着耐心解答他各种奇怪的问题，因为她知道，这个孩子是与众不同的。正因为他有强烈的好奇心，才会对周围的一切事物都感兴趣，而兴趣正是学习的动力，是开启知识宝库的金钥匙。

可是，妈妈要照料一家人的生活，没有时间总是陪着他。

在小爱迪生4岁的那一年，他和小伙伴们一起玩。远远的，他们就发现一棵大树的树杈上有一个巨大的椭圆形的窝。

“那是什么？”眼尖的小爱迪生问。

“是个窝。”比他稍大些的孩子回答。

“是什么窝呢？”小爱迪生追问道。

“应该是马蜂窝吧。”那个孩子回答道。

“马蜂窝？马蜂窝里面是什么样子的？”小爱迪生的大脑袋又开始生出许多的问题。

“不知道，我们也没有见过。”几个孩子都摇头。

“那么，我们摘下来看看吧？就会知道是什么样子了。”小爱迪生认真地说。

“大马蜂会蜇人的，我们才不去呢。”几个孩子吓得跑得远远的。

倔强的小爱迪生非要看看马蜂窝到底什么样子的。他找来一个比较长的树枝，刚好可以够到那个椭圆形的窝。只捅了几下，那窝就开始倾斜了，小爱迪生用力地跳着，一次，两次……终于，那个“大蛋”轰然坠落下来。随之而来的是铺天盖地的马蜂阵，愤怒的马蜂对小爱迪生进行了猛烈地攻击。顷刻间，小爱迪生的脸上、身上遭到了马蜂无数次袭击。痛得小爱迪生直叫妈妈，眼睛已经肿得睁不开，可执拗的他还是没忘记捡起那个“大蛋”，看看里面究竟是什么样子……

闻讯赶来的塞缪尔戴着斗笠救出了小爱迪生，送到医院急救。

还有件趣事，小爱迪生差不多6岁的时候，有天他气喘吁吁地跑回来。

“妈妈，妈妈，那只母鸡为什么总是坐在那些蛋上？”满脸稚气的小爱迪生晃动着他那大大的脑袋，好奇地问着妈妈。

“哦，我的宝贝，那是鸡妈妈在孵小鸡啊。”南希笑了笑，弯下身子把小爱迪生搂在怀里，她告诉他那些鸡蛋需要母鸡妈妈恒定的体温才能孵化出来。她早已经习惯了儿子这些古灵精怪的问题。但是她从不敷衍他，总会耐心地给他讲解。

“塞缪尔，你有没有看到阿尔？”一天下午，南希心急如焚地问着正在干活的丈夫。足足有大半天了，谁也没有看到过小爱迪生出现过。一家人急得团团转，四处寻找。

该不会是走失了吧？南希急得直掉眼泪。塞缪尔也着急了，这小子能跑哪去呢？他召集众人细细地找遍了村庄的每一个角落。

当塞缪尔经过邻居家的草料房时，突然发现了蜷缩在角落里的小爱迪生。

“阿尔，你在这里干什么？”塞缪尔又急又气。

“嘘！小声点，爸爸。不要吓着了我的鸡宝宝。”天真可爱的小爱迪生煞有介事地说。

这简直让塞缪尔哭笑不得。原来，小爱迪生正在学着母鸡的样子蹲在几枚鸡蛋上。爸爸告诉他，人是不能孵出小鸡的。可小爱迪生歪着大脑袋，百思不得其解：“为什么母鸡可以孵出小鸡，我就不能呢？”……

小爱迪生大大的脑袋里总是会冒出稀奇古怪的想法，由于他对一切事物都感兴趣，所以经常身处险境，制造麻烦。有一次，他看到小镇上的铁匠打铁，炉中那熊熊的炉火把小爱迪生可爱的小脸映得通红，闪烁的火苗跳跃在他深蓝的眸子里。他看着那些坚硬的铁块在炉火中变形变软，像泥巴一样在铁匠叔叔的手里被锤炼成各种各样的工具，真的好神奇哦！

“叔叔，火是什么东西？”“为什么会燃烧？”“它为什么是红色的？”“坚硬的铁块为什么会变软？”一连串的追问，把铁匠叔叔问得哑口无言。他哪里知道那么多的为什么呢？

没有得到满意的答案，小爱迪生耷拉着大头慢慢往家里走。沉思的小爱迪生一点都没有理会呼喊他一起去玩的小朋友。

回到家里，他问爸爸，可爸爸也说不出个所以然。午睡的时候，他依然想不通关于“火”的奥秘。执拗的他偷偷爬起来，来到自己家的草棚。这个草棚不大，是塞缪尔临时搭建的存放木料的地方。小爱迪生抱来一捆干草藏到草棚里，他只是不想让爸爸发现而揍他的屁股。当他划亮了火柴，心里非常激动，似乎他在做着什么惊天动地的大事。的确，很快就惊天动地了。肆虐的火苗迅速蔓延，不断吞噬着这个简陋的小草棚和存放的木料。等到塞缪尔发现火情呼叫众人奋力救火时，为时已晚，这个小草棚和存放的木料已经化为灰烬。更令塞缪尔生气的是，在一旁呆站着的小爱迪生，脸上竟然挂着一丝笑意，然而他还是未能幸免，结结实实地挨了一顿揍。

到了小爱迪生7岁这一年，随着铁路的不断延伸，美国大部分的地区经济开始繁荣起来。

唯独米兰小镇上本地有钱的势力迷信着开运河，不支持地方修建铁路。渐渐地，相对于其他地区，米兰小镇的经济日益萧条，塞缪尔的木板生意也大大不如从前。为了维持一家人的生计，塞缪尔与妻子商量，决定移居风景秀丽的休伦港。

搬家的途中，小爱迪生坐上了火车。当这条乌黑的长龙载着他奔驰在辽阔的原野上，他别提有多兴奋了。

来到休伦港以后，他们在北郊格拉提奥炮台租下一所房子，暂时安顿下来。为了维持生计，塞缪尔也索性改行做了粮食生意。

他们的家是一栋漂亮的红砖殖民地式的建筑，有地窖和阁楼，客厅里还有个大大的火炉。房后面的院子很大，足足有40公顷，种满了各种果树。

美丽的休伦港依山面水，风光旖旎。工作之余，塞缪尔经常带着小儿子来到山上看风景。有一天，他突发奇想，用木板在晒台上搭建了一座瞭望塔。这塔高约30公尺，一条螺旋形的木质楼梯可以通到塔顶。登高远眺，湖光山色尽收眼底。兴奋不已的小爱迪生对塞缪尔建议说："爸爸，我们在这里装一架望远镜怎么样？"

"嗯，不错，是个好主意。"塞缪尔抚摸着小爱迪生的大头。

在这架老式的望远镜里，人与世界的距离被神奇地拉近了。遥不可及的美景一下子近在眼前，真是美妙极了。看远处，山林起伏，含烟吐翠；望湖面，波光粼粼，点点白帆在湖面游弋，成群的水鸟忽上忽下地翱翔，煞是好看，真是一幅绝美的画卷，难怪小爱迪生每天都赖在上面不肯下来。

塞缪尔见小爱迪生如此喜欢，就把照管瞭望塔的任务交给他。

“阿尔，既然你喜欢，那么从现在起，你就是这座瞭望塔的管理员了。如果有游客想要上去，你必须收费，每次收两毛五分钱。”小爱迪生愉快地答应了。

可是小爱迪生的生意并不怎么好，没有多少人愿意花钱去那上面看风景。尽管如此，也丝毫没能影响小爱迪生的兴致，他并不介意能赚多少钱。还是常常一个人坐在塔顶，看彩霞满天，看夕阳变幻，看雨后的彩虹和休伦湖上那迷人的风光，独享那份心旷神怡，乐在其中。

2. 天才与蠢材

时间过得飞快。小爱迪生到了入学的年龄时，不幸患上了猩红热，这在当时是一种很危险的病症，高热不退的症状吓坏了塞缪尔一家人。经过及时地诊治和南希的精心看护，小爱迪生转危为安，渐渐痊愈。可是他的听力因此受损，当别人和他说话时，需要用很大的声音他才可以听见。

转眼间小爱迪生已经满8岁，南希把他送进了镇上唯一的一所小学。这所学校，只有一个老师，叫做恩格尔。恩格尔先生是位留着花白胡须的老头，讲起课来慢条斯理、枯燥乏味。而且他似乎不太喜欢小孩子，特别不喜欢淘气的小孩子。他为人刻板傲慢，经常体罚学生，那根看起来软软的藤条抽打到身上的时候确实很痛，因此孩子们怕极了他手中的那根藤条。小爱迪生一点都不喜欢他。

自由惯了的小爱迪生被困在教室里，像一只渴望自由的小鸟。上课时，他觉得老师讲的课程索然无趣，常常望着窗外的景色，神思遐想。有时，他会从附近的人家中收集一些废弃的材料，亲手做成各种各样的小玩意儿，偷偷带到学校去给同学们展示，孩子们对他佩服得五体投地。可是，由于他专注于自己的创作作品，完全没有注意老师在讲些什么。所以，学习成绩总是倒数第一，恩格尔认为他冥顽不化，对他非常头痛，他也因此常常领教恩格尔先生手中的藤条的滋味。同时，小爱迪生还喜欢刨根问底，常常给老师提出不少难题，令老师无法作答，尴尬不已。

上课时，老师教大家算数。小爱迪生举手问老师："一加一为什么等于二呢？"

恩格尔生气地说："哪有那么多为什么，一加一就是等于二。"

"可是，如果一杯水倒入另一杯水，那么只剩下一杯水，也就说，一加一还等于一。两块泥巴粘在一起，不也是一块吗？为什么一加一是二，也可能一加一等于一呀？"

恩格尔生气地看着奇怪的小爱迪生，像是看着一只怪物，而他又不知道如何回答。

“真烦，自己去想吧！”恩格尔没好气地说。

没一会儿，爱迪生又举起手来：“老师，为什么鱼淹不死呢？”

“天空为什么是蓝色？”

恼羞成怒的恩格尔狠狠地骂了他一顿：“你是个傻瓜吗？像你这样，读书也没有用。”

爱迪生非常伤心地跑回家里，和妈妈哭诉。

“妈妈，我是傻瓜吗？我是个笨小孩吗？”

南希是个非常善良又理智的女人，她把儿子拥在怀中，安抚他说：“你是学生，破坏了课堂的纪律是你的不对。你应该尊重你的老师，因为他是教授你知识的人。阿尔不是傻瓜，更不是个笨小孩。对于不懂的问题提问，是对的。”在妈妈的劝导下，爱迪生又回到了学校。

然而，小爱迪生对于课业方面的问题非常固执较真，如果他的问题没有得到满意的答案，他就不会继续做下道题目。因此，不了解他个性的恩格尔，把他当做是一个“反应迟钝”的学生，经常称他为“糊涂虫”“低能儿”。

到了第三个月，小爱迪生还是没有什么长进，每次考试，“大名鼎鼎”的托马斯·阿尔瓦·爱迪生仍然名列倒数第一。

有一天，恩格尔对前来学校视察的督学说他有毛病，是个低能儿，说他“addled”。小爱迪生在无意中听到了恩格尔与督导的对话，他当然知道这是什么意思：addled就是坏的、变质的蛋。这犹如当头一闷棍，他感到莫大的耻辱，稚嫩的心灵如何能够承受这般打击，他风一般地跑回家，小小的身体战栗着扑倒在妈妈怀中，痛哭不已。南希不知道发生了什么事。

她轻轻抚摸着小爱迪生的头："阿尔，快告诉妈妈，到底发生了什么？"

在儿子断断续续的描述中，南希总算弄清楚了原因。一向宽容忍耐的南希终于忍无可忍了，心里犹如有一座即将喷发的火山，翻滚着愤怒着，但她极力克制着自己的情绪，拉着小爱迪生来到了学校。

"恩格尔先生，您对爱迪生所下的评语，您觉得是正确的吗？"

恩格尔见到南希，不免有些慌张，异常尴尬。脸色一阵青一阵红的，非常难看。他轻咳一声，故作镇静地说："爱迪生真的是个很奇特的孩子，满脑子都是奇怪的想法。但他不能专心学习，还影响其他学生上课，经常影响课堂秩序。"

"哦？是吗？这我需要了解一下，他是怎样影响课堂秩序的？"

面对咄咄逼人的南希，恩格尔极力掩饰着自己的慌乱。他轻咳一声，并不直视这母子两人。慢条斯理地开口："他嘛，总是问一些莫名其妙的问题，做一些让人费解的事情。"

南希冷笑一声，打断了不合逻辑的解释。

"那么我请问，如果学生什么都懂，甚至可以去解释您都不懂的问题，那么他还来学校做什么？您了解他吗？知道您的学生的性格吗？您又凭什么断言他是个傻瓜呢？"南希鄙视地看着他，他脸色难看，无言以对。沉默了一会儿，恨恨地说："那好吧，这个学生我教不了。如果您认为他是个天才，您把他带走好了。"

南希一把拉过小爱迪生，扬起脸微笑着说："那好吧，恩格尔先生。我一定会让你知道谁是傻瓜，笨蛋，addled！"说完，带着小爱迪生大踏步地离开这个所谓的"学校"。

当南希带着儿子走出校门，心中非常难过。她自己不就是一名教师吗？为什么不可以自己承担起培育儿子的责任呢？爱迪生异于常人的表现，在别人眼里或许是个低能儿，但他所表现出来的那些与众不同，正是他优秀的体现。南希决定全力教育小爱迪生，一定让他成为世界上最有用的人才。

回到家中，南希问他："老师说你很笨，你认为羞耻吗？"

"妈妈，我并没有感觉到羞耻，但是很悔恨自己没有珍惜在学校学习的机会。"小爱迪生回答得很巧妙。他又说："老师并没有教给我们想知道的事情……"

"是的，爱迪生。妈妈并没有认为你是个低能儿。只是从明天起，你不要去学校了。妈妈会教给你读书，教给你你想要的知识。我期望你能有志气，要成为世界上一等的人才。"南希轻抚着小爱迪生的头。

"是的，妈妈。我一定要做一番大事。"他信誓旦旦地说。在妈妈的眼里，小爱迪生看到了坚定的信念。

南希接着说："那么从现在起，我就是你的老师。但我有两个条件你必须答应。第一，不管你要做什么事必须先告诉妈妈，因为你自己认为需要做的事虽好，但也许会妨碍别人，你还小，缺乏判断力。还有，不可以再去妨碍别人，记住长大后做个对社会有用的人。今后你要好好用功，妈妈既然做你的老师，你必须认真听从我的教导。”

休伦湖是北美五大湖中的第二大湖。浩渺无边的湖水湛蓝如镜，湖岸上生长着葱郁茂密的森林，洁白细腻的沙岸玉带般环绕着这方宝镜。到了傍晚，幻彩满天，熔金般的落日余晖映射着满载而归的小渔船，鼓棹归航。茂盛的森林中，有敏捷的野兔，狡猾的狐狸，还有“带着蒙面眼罩”的调皮可爱的浣熊。优质的地理环境，让这里充满了勃勃生机。

而这里得天独厚的地理位置，更让休伦港成为北美重要的交通枢纽。休伦湖东邻安大略湖，南接伊利湖，西通密歇根湖，北连苏必利尔湖，构成了北美著名的五大淡水湖系，是圣罗伦斯与大海相通的唯一水道，水上航运繁忙畅通，各种各样的汽轮，木船往来不绝，向外输送着优质的木材和粮食，向内运回来小镇上人们必需的工业用品和生活用品。

美丽的休伦港赋予了小爱迪生山水的灵性。本就喜欢细心观察的他更是与大自然晨昏相伴，乐在其中。他奇怪太阳是怎样发出光的？小蚂蚁为什么能找到家？调皮的小浣熊为什么会把食物先清洗了再吃？总之，每天他都会有新的课题，来探究大自然无穷的奥秘。

繁华热闹的休伦港，也是小爱迪生喜欢去的地方。那里的工人们都认识他——这个满脑袋都是“为什么”的小男生，他总是睁大眼睛专注地听着过往的客商讲述着外面世界的奇闻异事以及新的信息，为他满是好奇的心打开了一扇通向外面世界的窗。

离爱迪生家不远的湖边，有一家造船厂，堆着木料的院子里散落着各式各样的工具。小爱迪生兴奋地拿起这个，摸摸那个。不断地问着大人们：“您可以告诉我这是做什么用的吗？”“木船那么重，为什么在水里不会沉下去呢？”工人们有时候被他问烦了，就随便敷衍他几句。可小爱迪生却绝不会善罢甘休，对于他不懂的问题，一定要搞清楚，有时候他亲自动手实验，甚至有几次碰伤了手。

南希每天除了料理家务，照顾一家人的生活起居，还要担负起小爱迪生的教育工作。自从那次带着小爱迪生走出“学校”的大门，南希就暗下决心，一定要争口气，让他们看看，我的爱迪生到底是个天才还是蠢材。

从此，只要有时间，她就会立刻转换角色，成为小爱迪生的老师。只有妈妈才是真正了解他的人。没有固定的时间、地点和教材。有的时候，小爱迪生与伙伴们玩得正开心，南希会出来喊他回去上课。小爱迪生恋恋不舍地和小伙伴们告别，转过身顺从地和妈妈回家，要一个正在开心玩耍的孩子停止下来去读那些枯燥的课文，是件多么难受的事情啊。小爱迪生虽然具有小孩喜欢玩的天性，但他从不反对母亲的教育。因为母亲教给他的不仅是知识，而且是很有趣的学习方法。她认为，勤于思考比简单地死记硬背更重要，只要爱迪生看得懂的书，不管多难的，都给他看。爱迪生的母亲具有高超的教育才能，她把家庭教育办得生动活泼。无每时每刻，随时随地，都是小爱迪生吸收知识的课堂。春天的午后，门前的树木抽出几抹嫩绿，她陪着儿子坐在屋门前，边晒太阳边上课。夏天的夜晚，凉风吹拂着庭院，她又和儿子一起来到高高的瞭望塔上，一面纳凉，一面读书。到了秋天，在飘着麦香的金黄麦场，爱迪生又念上了《鲁滨逊漂流记》《悲惨世界》这一类古典文学作品。冬天，朔风飘雪的寒夜里，她又与儿子围在暖暖的壁炉前，在一起围火授课。她讲地理，如同把爱迪生带到世界各地周游，穿洋过海，登山探险；她讲英文，又非常注意打下良好的基础。特别是她教文学，形象生动的语言，使爱迪生对雨果(Victor Hugo)倾慕不已，深深地痴迷于这些世界经典名著的魅力之中。在学习过程中，小爱迪生体会到了读书的重要性。他想他绝不能辜负妈妈对他的期望，他要让那些曾经嘲笑过他的人感到惭愧，要为妈妈争口气，成为对社会有用的人。

3. 母爱的力量

由于母亲独特的教育方法，小爱迪生对读书发生了浓厚的兴趣。他博览群书，而且他天资聪慧，有着能够一目十行，过目成诵的本领。8岁时，他就已经开始阅读莎士比亚(Shakespeare)、狄更斯(Dickens)的著作和许多重要的历史书籍。10岁时，他在南希的指导下读完了吉朋(Gib-bon)的《罗马帝国衰亡史》、休谟(Hume)的《英国史》、席尔(Sear)的《世界史》。

他还读过托马斯·潘恩(Thomas Paine)的著作，很快，爱迪生被潘恩的真知灼见所吸引，并影响了他一生。潘恩对政治与神学等问题的论述，使他获得了很多启示，了解了许多新的问题。那种感觉如在暗夜中见到光明……小爱迪生对潘恩产生了极大的兴趣，看一遍不够，就一遍又一遍，反反复复地研读。后来，他还吃力地读完了牛顿(Isaac Newton)的《自然哲学的数学原理》一书。这本书教会了他更加重视实践，而不是理论。但由于读了牛顿的这本著作，爱迪生开始蔑视数学，他认为牛顿如果不去钻研数学知识，他的知识面会更加宽广。他把数字看做一种数学工具，可以用来完成逻辑推理，但却不能让人们理解这一结论。这个有些偏颇的看法对爱迪生以后的成长影响很大。

南希自由开放式的教育毫不束缚小爱迪生自由想象的天性，在南希妈妈的启迪下，小爱迪生超人的天赋愈发显露出来。

在教授培育小爱迪生的过程中，南希渐渐发现，儿子对物理化学真是特别地感兴趣。她开始重点培养他的这个兴趣。并专程赶到镇上买回大量的书籍，其中一本是在当时非常有影响力的科学巨著：帕克(Richard Green Parker)写的《自然与实验哲学》。这本书厚厚的，有好几百页，书中内容极其丰富。关于那个时代的科学知识，差不多都已包含在内。小爱迪生如获至宝，爱不释手地天天带在身边。但是这个读本阅读难度很高，就是一个中学毕业生也会觉得难以读懂。南希见到儿子对科学如此痴迷，每天特意抽出一些时间陪伴小爱迪生阅读这本高难度的科学读本，如果遇到难以理解的问题，母子俩就一起查找资料或者向更专业的人士请教。

南希送给他的这本书，为他打开了一个新奇的世界，他如同海绵一样尽力地去吸取里面的知识，渐渐地将小爱迪生引领上探索科学奥秘的道路。

这本科学巨著翔实记录了大量的物理和化学的实验，而且配有图片和说明，激发了小爱迪生浓厚的兴趣，使他如醉如痴地沉浸其中。他一面读书，一面模仿着动手做实验。一次不行就再试，找到失败的原因，直到可以成功，他会记下心得。模仿书本上的知识已经不太过瘾，他开始琢磨着怎样把自己的异想天开变为现实。

有一次，他读到了富兰克林在电学上的著作，讲解了他在电学上的新发现。小爱迪生兴奋得不得了，别出心裁地想找一些合适的对象来实验。总不能拿哥哥姐姐做实验吧？弄不好会挨揍的，小爱迪生顽皮地想。那么什么物品适合做摩擦生电的实验对象呢？小爱迪生亮晶晶的蓝眼睛转来转去。哎，有了，他的目光定格在他家窗台上正在懒洋洋晒着太阳的两只大公猫身上。

他从爸爸的工具房找来一根铜丝把两只大公猫的尾巴拴住，不顾猫咪的反抗和威胁准备开始做实验。他用力揉搓着两只大公猫脊背上的皮毛，期待着电的火花。猫咪的毛发是炸起来了，不过，不是摩擦起的电，而是两只大公猫发怒的表现。电火花没看到，小爱迪生的手倒是开了花。那两只不明事理的大公猫，以为小爱迪生要侵犯它们，于是胡须倒竖，拼了命地反抗，弓起身子，龇牙咧嘴地向小爱迪生进攻，顷刻间，小爱迪生的双手就被两只大公猫抓得鲜血淋漓。

还有一次，他又学到了气球可以升空的原理。嘿，这玩意儿有点意思。气球可以升空是因为满肚子里都是空气。他想，如果用一种药把人的肚子里也装满空气，会不会也能飘浮起来呢？可是，谁能帮他完成这个实验呢？想来想去，他想到了他家邻居的孩子——奥茨。想到这里，他兴奋极了。一溜烟地跑到奥茨家中："奥茨——你想不想飞呀？"胖乎乎的奥茨莫名其妙地看着眼前这个好朋友。

"奥茨，我是说真的。只要你听我的，你就可以体验到飞的感觉。"小爱迪生巧舌如簧地劝说着奥茨。

奥茨一脸茫然地望着爱迪生，这个爱迪生，有点怪怪的，总喜欢搞什么科学实验，心里倒是挺佩服他的，只是也不敢轻易答应做他的实验品。

看着奥茨在犹豫，爱迪生有些着急。举着手中的沸腾散："奥茨，你把这个喝下，肚子里会生出很多的气体。你的肚子充满了气体，身体自然就会飞了……"

"这能行吗？"奥茨还是不信，蓝灰色的眼睛充满了怀疑。爱迪生急了，给他分析讲解其中的道理。奥茨迟疑了一阵，听到爱迪生极具诱惑力的解释，再看他那胸有成竹的样子，加上小男生特有的好奇心，终于决定试一试。他慢慢地接过爱迪生手中的药——沸腾散，倒入水中，一饮而尽。

爱迪生见到好朋友为自己如此付出，激动地拥抱了他。然后，两个好奇的男生静静地等待奇迹的发生，爱迪生的心有些忐忑。要知道，既然是实验，就不可能百分百成功，更何况这次实验的对象是人啊。

不一会儿，奥茨的肚子发出咕咕的声响，惶恐地望着爱迪生，面色开始红涨。似乎鼻梁上的小雀斑都跟着膨胀起来。很显然，药力已经开始发作了。爱迪生心里也没有十足的把握，但他只能硬着头皮去安慰奥茨："别着急啊，等下你就可以慢慢地飞了。如果成功，你也是科学家了。"奥茨点点头，心里想：难道这些科学实验都需要一个如此艰难的过程吗?

可是，事情似乎并没有顺着小爱迪生的意愿发展。奥茨的脸色越来越难看，龇牙咧嘴的好不痛苦。双手捂着肚子不停地在地上打滚。这下，可把小爱迪生吓坏了，他知道自己闯了大祸……

闻讯赶来的南希，简要地询问了情况，迅速背起奥茨送到了镇上的医院。在医生的救治下，奥茨终于转危为安。南希悬着的一颗心总算是落了下来。面对奥茨父母的责难，南希带着小爱迪生不住地道歉。看着这对母子诚恳的态度，奥茨的父母也就没再多说什么。

回到家中，一向对小爱迪生疼爱有加的塞缪尔满面怒气，不由分说，一把拉开护着爱迪生的南希，把小爱迪生从妈妈身后拎了出来，一顿巴掌又狠又重地落在了小爱迪生的身上。南希看着小爱迪生无助的眼神，无可奈何地转过头去……

经过一次教训的小爱迪生，似乎安静了许多。他每天都把自己关在地窖里，鼓捣着那些瓶瓶罐罐。上次的实验虽然以失败告终，可锲而不舍的小爱迪生毫不气馁，并没有因此而停止探寻科学的脚步。他安静的这几天，是在反思：科学实验一定要弄清楚原理，尊重科学、严格按科学规律进行，以后一定不可以急于求成，没有十足的把握绝对不可以冒险。

家中那小小的地窖，成了小爱迪生的第一个“实验室”。他怕别人误动了那些化学制剂，就在每个瓶子上都标注了“有毒，勿动”的字样。他像个小魔法师，整天守着这些神奇的瓶瓶罐罐，沉浸在神秘的化学王国里，简直着了迷。

为了给“实验室”购置新的药剂和设备，小爱迪生拿出多年的积蓄，可还是不够。小爱迪生知道自己的家境并不宽裕，不好意思和爸爸妈妈伸手要钱。于是，他挨家挨户上门收集废旧物品，然后卖到回收站去换钱。可就算是这样，他的实验费用依然捉襟见肘。

在爱迪生的童年时代，电报的发明是件极具重要意义的新鲜事物，尤其吸引着天生就对一切事物都感兴趣的小爱迪生。当时，在纽约和几个主要城市之间架起了电报线，约800英里。报纸上也登载了通过电报线连接美国的电报员的故事。

11岁的小爱迪生，决定开始着手实验他的第一部电报机。可是，他需要一笔不小的资金来购买电器装置，完成他的理想。然而塞缪尔的生意陷入了困顿状态，拿不出那么多的钱给他。小爱迪生为了实现他的理想，开始帮助父母做一些农活，贩卖新鲜的玉米和蔬菜，绞尽脑汁地想尽一切办法开始了他艰难筹集资金的努力。

1859年，小爱迪生已经年满12岁。安宁美丽的休伦港发生了件大事：由南而至的铁路线犹如一条乌黑铮亮的黑龙一路向北延伸，经过休伦港直抵当时的工业化大城市——底特律。

底特律！底特律！听说底特律有个著名的公共图书馆，那里藏书很多，是知识的海洋，也是小爱迪生一直梦想去的地方。更何况，铁路线上商机无限，到时候，可以去车站或者火车上做份工，实验资金也有了来源。岂不是一举两得？小爱迪生，想着想着，掩饰不住内心的喜悦，竟然笑出了声。

这一天，消息灵通的小爱迪生异常兴奋，他听说从底特律到休伦港的新铁路线上需要一个在火车上卖些水果糕点的男孩。虽然铁路上不付任何报酬，但可以免费乘车，通过售卖水果糕点报纸等来获得利润。小爱迪生知道后开心极了，他想要得到这份工作。

小爱迪生先去和妈妈说明了自己的想法，没想到一向支持理解他的妈妈坚决不同意，倒是塞缪尔认为小爱迪生既然不去上学，这样做也许会是个很好的学习机会。小爱迪生垂下大大的头，心里有些沮丧，他一心想去赚钱回来实现他科学实验的梦想，同时他又可以去底特律的那个传说中的大图书馆读书，一举两得的好事，妈妈怎么会不支持呢？小小的他，哪里能理解妈妈爱他的心呢？

南希想起往事，又是高兴，又是心酸，心中也是难以抉择。理论上讲，儿子是对的，她又何尝不愿意让儿子去经受风雨的洗礼，早日实现自己的梦想。而自己多年的努力付出，不也一样是为了让儿子早日实现自己的诺言吗？

可是，他才那么小，那么单薄的身体怎么能经得起劳碌奔波呢？还有，火车毕竟是新生事物，万一出了什么事故真是不敢想象。小爱迪生单纯善良，遇到了居心叵测的坏人怎么办？南希把可以预想到的危险和困难都想了一遍。

"妈妈，我已经80磅重了，我很强壮的。"小爱迪生故意做出很强壮的样子。南希看着儿子渴求的那双大眼睛，真是于心不忍。经过再三思量，母子俩协商好后，南希终于点头。欣喜万分的小爱迪生，早就按捺不住满心的欢喜，一路雀跃地奔向刚刚建好的休伦港站。

4. 命运的磨难

小爱迪生到车站后很顺利地获得登车允许，也办理好手续后，用自己积攒的一些零钱批发来一些糕点和水果，放在妈妈给他准备好的大篮子里。

第二天，小爱迪生早早起床，穿上妈妈给他熨烫好的衬衫，带上那个提前预备好的篮子，准备和妈妈告别。南希轻轻地吻了他的额头，又塞给他一块面包和火腿，温柔地叮咛道："儿子，你长大了，要学会照顾自己。在火车上要格外小心，上下车的时候要注意等车停稳。记得按时吃饭，可不要空着肚子。晚上要准时上车，不要耽误了时间，早点回来……”说着说着，南希的声音有些哽咽。是啊，小爱迪生不过是个12岁的孩子，而且是第一次离开家，离开妈妈的身边。可他就好像一只羽翼渐丰的小鹰，总是想张开翅膀飞向他梦想的天空。南希是个深明大义的妈妈，纵然有千般不舍，也要给他这个机会去迎接风雨的洗礼，从而锻炼成为一只真正的雄鹰，翱翔在更广阔的天空。

小爱迪生也非常理解妈妈的心情，他用他还很稚嫩的臂膀拥抱着他深爱的妈妈。然后，毅然转过身，头也不回地走出了妈妈的视线。

休伦港火车站，热闹得像个集市。嘈杂的叫卖声此起彼伏，不绝于耳。

离开车的时间还早，小爱迪生把篮子放在身边，坐在站前的石阶上，细细端详着这个承载着他少年梦想的大家伙，它就像一条沉睡的黑色巨龙安静地卧在铁轨上。

7点钟，列车准时出发。随着汽笛的一声长鸣，巨龙抖擞，缓缓地驶出了休伦港站，向底特律方向驶去。这是一列客货混运的列车，车厢里坐满了形形色色的乘客。

车厢里，有一个身材中等的少年，提着大大的篮子大声地来回叫卖着：“谁买糕饼，糖果！”这个少年就是小爱迪生，他头发有些蓬乱，身上灰旧的衣服显得有些大，并不合体，但是一双蓝色的眼睛却是炯炯有神。他凭借敏锐的观察力，很容易就判断出那些乘客的身份。那个脸色黝黑，手上长满厚厚老茧的大伯一定是个农民；那个戴着眼镜，斯斯文文的男子一定是个教师；那个大腹便便的老头一定是个有钱人，看他的装扮和傲慢的态度就知道了。面对着各种各样的人，善于察言观色的小爱迪生不失时机地推销着他的商品。没多久，他带上车的那些糕点和水果就卖完了，偌大的篮子见了底。

小爱迪生长吁了一口气，找个靠窗的空座位坐了下来。他望着车窗外的平地、房舍、树林和田野急速地向后倒退，真是太神奇了，不得不感慨机械化给人类生活带来的改变与便捷。

火车在他的冥想中渐渐减速，慢了下来，然后猛地震动了一下，三个小时的行程结束了。火车把他带到了他魂牵梦萦的地方——底特律。

小爱迪生稳稳地跳下车，融入到熙熙攘攘的人群中。出了站台，他先找到报社批发来报纸，然后一路打听着底特律青年协会图书馆的地址，很快就找到了图书馆。

这是一座看起来很普通的灰色的两层小楼。小爱迪生按照程序办理了阅览证，进入这个他只有在梦中才到过的地方。这里可真大啊，他惊叹着，宽敞的房间里整齐有序地排列着木质的书架，上面分门别类地摆放着各类专业书籍，这里大约有藏书16000册，汇聚成知识的海洋。明亮的落地窗边摆设了几张桌椅，有几个男子正安静地坐在桌边阅读。真是太棒了！爱迪生贪婪地看着这些书籍，恨不能一口气都把它们装进自己的脑袋。他翻翻这本，看看那本，每一本书都让他爱不释手，眼花缭乱的他竟然难以抉择先从哪本书开始读起。他暗暗地想：我要从第一个书架看起，看完书架上每一本书。

小爱迪生找到他喜欢的理化类读本，坐到窗前的书桌旁，如饥似渴地阅读起来。他的阅读能力超强，不仅速度快还能过目不忘。

阳光从透明的玻璃窗照射进来，暖暖地照在小爱迪生的身上。墙上的挂钟滴答滴答地摇摆着光阴，不知不觉中，已经是下午了。也许是他完全沉浸其中了，竟然忘记了吃午饭。直到肚子“咕噜，咕噜”的抗议，他才抬起头来，可阅览室里除了他和管理员，哪还有别人啦？那个上了年纪的管理员也靠着工作台昏昏欲睡呢。小爱迪生实在舍不得用这大好时光出去吃饭。他摸摸口袋里还有妈妈早上塞给他的面包和火腿，就趁着没人注意赶快填饱肚子，继续沉浸在他痴迷的书香世界中。

天渐渐暗了下来。屋里面的光线更是暗得快，已经难辨字迹。小爱迪生知道时间已经不早了，便起身离开图书馆，带着他批发来的报纸回到了火车站，登上了返程的列车。

车厢里，响起了小爱迪生略带童音的叫卖声：“卖报，卖报，底特律自由报！”每份报纸5分钱，爱迪生每卖出一份报便可以赚到1分钱，这100份报纸都卖掉的话，他才能赚到1美元。

又是三个小时的行程，列车停靠在休伦港车站。小爱迪生低头看看自己的篮子，还有几份报纸没有卖完。他决定把它们卖掉再回家。于是，他又来到休伦港的大街上推销叫卖报纸，等到卖完最后一份报纸，夜已经深了。

休伦港的大街小巷漆黑寂静，小爱迪生疲惫地走在空荡荡的大街上，只有一轮明月慈爱地映照着他孤单瘦小的身影。

当他快到自家门前的时候，突然发现一个熟悉的身影，是妈妈！小爱迪生心中涌起一股热流，眼眶迅速湿润起来，他急速地奔跑，一下子扑到妈妈的怀中，呢喃着："妈妈，妈妈，我回来了！"南希紧紧拥抱着她的小爱迪生，悬了一天的心终于放了下来。

就这样，小爱迪生成了铁路线上的一名小报童，辗转于休伦港和密歇根州的底特律。而且每天都雷打不动地去底特律青年图书馆看书，如饥似渴地吸吮着他想要的知识。

不久，铁路当局又开通了底特律到格拉提渥加的铁路线，车辆每天朝发夕返，中途和那列客货混合车错车。爱迪生觉得这是一个新的商机，可又分身乏术，怎么办呢？他聪明的脑筋一转，便想出个办法。他找来一个和他差不多大的男孩，把他安置在这列车上，帮他卖报纸。这个时候，他每天能够赚到好几元钱，这相当于一个成年人的正常收入。就这样，他的生意开始逐步扩大。

接下来，他利用铁路上的便利条件，帮助农夫们把新鲜的奶酪运送到底特律，再把底特律的蔬菜运到休伦港。在各种水果成熟的季节，他又开始进行大量的收购，然后转手卖给底特律的水果商。他在休伦港开设了两个店铺，一个卖蔬菜、黄油和应季的水果，一个卖期刊。他雇佣了两个男孩替他打理店铺，爱迪生对待他们很好，除了可以分享利润之外，也会带他们一起去镇上最好的餐馆。由于他的蔬菜新鲜，所以很受休伦港的人们欢迎，每天都可以销售一空，小小的少年却把铁路线上的生意做得风生水起。

正当小爱迪生凭借他超级聪慧的头脑准备在铁路线上大

展一番身手的时候，又一场灾难已然悄悄地降临。

一天早上，那列火车停靠在弗拉瑟车站，月台上的人们拎着行李包裹上的上，下的下，呼儿唤女的喊叫着……很快，列车关闭了车门，月台上的工作人员举起了绿色的小旗子，列车徐徐启动了。就在这时，站台上一个瘦小的身影，抱着两捆报纸拼命地追赶着已经开动的火车。车上的一个列车员猛然一惊：这不是卖报纸的爱迪生吗？只见他奋力地奔跑，手里还不肯撒开那两捆沉沉的报纸。眼看着火车就要从他身边开过去了。那个列车员也着急地向车尾跑去，因为只有车尾的门还是可以打开的。

正当列车就要与他擦身而过的一刹那间，小爱迪生也看到了车尾的列车员站在敞开的车门里在向他招手。于是他做了一个很冒险的举动，纵身一跃，飞身跳上了踏板，可是由于他双手还抱着报纸，没办法抓牢栏杆。眼看着身体向后倾倒，千钧一发之际，那个列车员敏捷地伸出大手一把拎住他的两只耳朵，把他拖进了车厢。好险啊，惊魂未定的小爱迪生面色惨白，呆坐在车厢的地板上。他把报纸丢了一地，伸手揉着两只红红的耳朵，耳朵里面钻心的疼痛，而且“嗡嗡嗡”的响。他奇怪地望着面前的那个列车员，因为他只看到他的嘴巴开合，并没有听到他说着什么……列车员也感到诧异：怎么和他说什么都没有反应呢？

晚上，爱迪生回到家里。南希很快就觉察出儿子的异常了。以前这孩子一到家，就追着妈妈，给她讲述一天里的所见所闻。可是今天，他沉默着躲进卧室，一言不发。哦，天哪，到底发生了什么？在南希的大声追问下，爱迪生终于把事情的经过原原本本地叙述给妈妈。这犹如晴天霹雳一般，南希流着泪把爱迪生抱在怀里。塞缪尔听说儿子的耳朵被列车员给拎坏了，顿时暴跳如雷，非要马上去找人家算账。南希一把拦住他，说："你要干吗？"

"我去找他算账！"塞缪尔愤怒地说。

"你该感谢人家才对！"南希擦了擦眼泪哽咽着说。

塞缪尔不明就里地望着她。

"要不是他，我们连儿子都看不到了。"南希向他解释道。

"我们还是赶快带阿尔去看医生吧！"还是南希处变不惊。

"对，对，看我，都急糊涂了。"塞缪尔心疼地抱着小爱迪生。

经过详细的检查和询问，随着医生的脸色越来越凝重，南希的心直往下沉。最后医生终于开了口："您儿子的病情，我实在无能为力。他早期因为罹患猩红热而导致内耳损伤，此次又经过猛烈震动，拉断韧带，以目前的医学技术无法修复。"

南希无望地抱着可怜的爱迪生，低头垂泪。塞缪尔不满地拉着娘儿俩离开这家医院。他们经过了好几家医院的诊断，结果都是相同的。那就是：就目前的医学技术而言，真的无法使他们的儿子阿尔的听力得到恢复。南希真是痛断肝肠，她从没有像今天这么后悔过，为什么要答应让阿尔去火车上卖报呢？

小爱迪生虽然听不清他们在讲什么，但他从小就异常发达的大脑很快就分析出自己的病情，他装做满不在乎的样子对妈妈说：“妈妈，别伤心了。上帝这样安排一定有他的道理的。就算我听不到，但我还能够说，能够看，这就足够了。我还可以去卖报，去看书，去搞科学实验。而且我再也不会被那些无关紧要的谈话而打扰，可以更加专注地学习。”

爱迪生嘴上虽然这样说，心里也很不是滋味。世界突然就这么寂静下来，再也听不到小鸟的鸣叫声、远处火车的汽笛声和妈妈温柔的呼唤声。只是，坚强的他不想再让妈妈为他担心。

因为交流障碍，爱迪生越来越沉默，变得少言寡语。多数的空闲时间里，他都是在静静地读书或者去做他的科学实验。虽然听力有问题，他依然坚持在火车上卖报纸，天资聪颖的他知道怎样察言观色去判断人们的意思，再用眼神、表情及手势和顾客交流。

5. 少年资本家

百折不挠的爱迪生还真的有股韧劲儿，这场从天而降的灾难丝毫没能动摇他探究科学的决心，反而让他更加专注了。每天除了卖报和去图书馆看书，他满脑子想的都是他的科学实验。但是，现在他大部分的时间都是在铁路线上，在家里的时间少之又少。能不能把实验室搬到火车上呢？他被自己的这个念头吓了一跳，怎么可能呢？火车是用来运送旅客和货物的，哪里有地方可以做科学实验呢？可就在他准备放弃这个想法的时候，他突然发现这列客货混运的列车后面挂着一节行李车厢，而对于短途车来说，这节车厢基本就处于闲置状态。爱迪生悄悄地找到行李车厢的管理员史蒂文森。

“你要那车厢做什么？那里连空气都很不流通……”史蒂文森奇怪地说。

“大叔，求求您了。我不会占用很大位置的。”当他把自己的想法对史蒂文森说完，史蒂文森感到有些为难，没有马上答应他。聪明的爱迪生知道他喜欢吸烟，便时不时地带些卷烟给他。时间长了，史蒂文森经不起爱迪生的软磨硬泡，那节车厢也确实有闲置的地方，再加上史蒂文森非常钦佩这个孩子的钻研精神，终于答应在行李车厢里给他个小角落。欣喜若狂的爱迪生立刻从家里搬来了那些瓶瓶罐罐和仪器，成立了一个史无前例的流动实验室。这个耳朵有毛病的孩子一会儿摆弄这个，一会儿摸摸那个，一会儿又抱着书来看，简直是忙得不亦乐乎。爱迪生只要一进入实验室，就忘记了外界的一切干扰，专心致志于自己的科学实验。年仅15岁的他，对科学实验已经具有很强的挑战精神。他想利用这流动的实验室来进行自己的科学研究，这就需要大量时间来做这些事情，可谁来代替自己在列车上卖东西呢？聪明的爱迪生总不会被问题难倒，他想到利用周六周日这两天雇佣那些需要零用钱的学生。这样，他很快就找到了合适的人选，他也可以抽身出来每周利用这宝贵的两天进行他喜爱的实验。

爱迪生一直对电报有着浓厚的兴趣。空闲的时候，他就去克罗门斯山车站的电报室窗外，偷看麦肯基站长是如何收发电报的。痴迷于此的爱迪生一面偷学，一面实验。塞缪尔一点儿都不支持儿子的这个举动，认为他不过是胡闹而已。为了获取老爸的支持，他甚至设计了一个小小的圈套来迫使老爸就范。

他偷偷收集了一些绑烟囱用的铜丝，在树上架起了一条大约有半英里长的线路，从家里一直通到同样喜爱电报的小伙伴克兰西的家里。晚上回来，他先把剩余的报纸都送给克兰西，然后空着手回到家。习惯了看报的塞缪尔突然没有报纸看，有些空落落的。善于察言观色的爱迪生见时机已到，便对他说："老爸，克兰西家里还有一份报纸，我可以让他把报纸的内容用电报发过来。"塞缪尔将信将疑地看着他。爱迪生立刻向对方发出信号，通知对方按照计划行事。这台土制的发报机发出长短不一的嗒嗒声，在寂静的夜晚更加清脆悦耳。

塞缪尔终于服气了，也明白了儿子的良苦用心，于是给予他很大的支持。

在卖报的过程中，爱迪生发觉报纸有的时候卖得很快，有的时候却积压卖不动，到底是什么原因呢？善于思考和分析问题的他很快就找到了问题的症结所在：时值美国南北战争，凡是报纸上载有战事消息的，其销量就会猛增。

报社为了控制成本，当时的报纸需提前订购。报纸的印刷量是要以这种订购数为基准的。所以，预订的数量是多少，取报的时候数量就是多少。可又如何能提前知道第二天的报纸上是否刊有战事消息呢？

什么事情也难不倒爱思考的爱迪生。

在往来报社的过程中，他结识了一个《底特律自由报》的排字工人，于是他请求排字工人提前告诉他第二天报纸的内容。然后他凭着经验，就能判断出需要预订报纸的数量，最后再决定买进数。当然，爱迪生每天都会送给他一份新鲜奶酪、水果或蔬菜，那个人自然很高兴地接受了爱迪生的条件。随着时间的推移，他的判断误差率竟小于1%，卖报的收入也开始成倍增加。

4月初的一个下午，爱迪生在底特律站看见一群人正在看布告板上的新闻。爱迪生好奇地挤进去，获悉许多人在夏伊洛战役被杀。心中一惊："这下，可不得了了，发生了大事件！有多少人急切地需要获得自己在战场的亲人准确的信息呢？"他的脑中灵光一闪，认定这是一个不错的商机。于是，他迅速跑到车站的电信室，对电信员说："拜托，拜托，请你马上拍电报给各站，要他们在车站布告张贴夏伊洛激战的消息。"电信员奇怪地看着这个头发有些凌乱的大男生，拍电报是需要站长的指令的，他怎么可能听命于他呢？爱迪生焦急地说："请快点拍出去，像这样的消息，有必要争取时间告诉大家。凡有家人在战场上的，一定很关心。如果你拍出去了，以后我每天送一份报纸给你。"电信员一听说每天会送一份报纸给他，便马上开始拍发电报。

随后，爱迪生立即赶到底特律自由报社。他对预订销售的人说："今天多给我1000份报纸，但是现在我只有够买300份的钱，不够的明天我会付给你的。"由于爱迪生平日里的诚实守信，报社的人信任地将1000份报纸卖给了他。

1000份的报纸分量很重，爱迪生雇了一个男孩帮他把大捆的报纸搬到行李车上。火车开出后，他便开始一张张地把它们折叠起来。不久便到了6公里以外的犹蒂克，这是火车离开底格律的第一站。平时在这里也就能售出去两三份，他想这次应可以增加到6份吧。在车子徐徐停下时，他带了6份报纸预备下车。当他向窗外望去，眼前的一幕让他惊讶地闭不上嘴：月台上已经聚集了很多等待获得最新消息而来买报纸的人，为了能一睹为快，人们纷纷愿出高价。就这样，5分钱一份的报纸，涨到了2.5角，爱迪生提前订购的1000份报纸被一抢而空，他一下子赚到了一大笔钱。小小年纪的他，运用睿智的头脑在商场里打了一场漂亮的胜仗，这让他充满了自豪与喜悦。

以前他卖报回家后，总是给他母亲一美元，贴补家用。但这一天他给了母亲100美元，他觉得很骄傲。他的营业收入，留出需要周转的资金和贴补家用，余下的除了吃饭以外，其余的全用在买书和充实实验用品上。他生活节俭，从不乱花一分钱。

此刻的爱迪生，愈发地成熟稳重，俨然一个奔走在铁路线上的少年资本家。火车上的工作人员和乘客们都很熟悉他，也非常钦佩小小年纪的他就有所作为。

在长时间卖报的过程中，爱迪生深深地体会到：报纸上的消息愈新，销路就愈好，因为人们都想从报纸上获得最新的消息。南北战争期间，每个人都抢购报纸，想早点了解战争的近况。同时，搭火车的人为解旅途寂寞，也想看些有趣的报道和读物。基于这两点，爱迪生认为，若能在车内发行报纸，销路肯定不错。卖报纸的钱已经远远不能满足添置实验器材的需要，因此必须再多赚点钱才行。他想到如果能自己编印和发行报纸，一定能赚更多的钱。

可编印和发行报纸谈何容易，首先需要有印刷机，还要有新闻记者。印刷机的价钱昂贵，他哪里能买得起呢？而且撰稿人也必须是行家，才能写出好的新闻报道，小小的他更出不起高价来聘请这些行家。

工夫不负有心人。有一天，爱迪生走在底特律的马路上，无意中在一家叫做路易斯的商店里发现一架小型的印刷机很廉价。一打听，原来这本是菜馆里印刷菜单用的，后来菜馆停业，便作价抵给了这家文具店。他谨慎地察看了一番，决定把它买下来。他对老板说："叔叔，我没有多少钱，您能以最低价钱卖给我吗？"老板以不解的表情看着这个小孩："你还这么小，要印刷机做什么？这又不是玩具。"爱迪生并没有回答他，只是渴望地望着他，再一次请求他说："我一定要买下这部印刷机，现在我没有足够的钱，明天中午我一定带钱来，请您不要卖给任何人。"说着就离开这家商店。

回到家里，细心的南希看到儿子闷闷不乐的样子。在她的再三追问下，爱迪生向妈妈说出了自己的想法。经过认真分析后，南希决定对儿子这个大胆的想法给予支持，除了爱迪生平日里的积蓄，其余的部分由南希从家用里抽出。

他如愿以偿地获得了这部印刷机。他兴奋极了，把印刷机安置在行李车厢里，一有空闲就躲在车中鼓捣着这台心爱的印刷机。他虚心好学，根据报馆工人教给他的方法，按照型号、字序，将铅字排好。并买来了油墨、纸张、火油、拣字镊子，模仿着旧报纸，一遍遍地实验，一遍遍地改进。终于掌握了印刷机的使用方法。

可是爱迪生从来没有办过报，也不懂报纸的撰写方式。他就找来几份别的报纸，博采众长，模仿别人发表在报纸上的文章。经过一段时间的学习研究，每天不断地练习。凭借这种韧性，没有多久，他已然能写出很好的报道来了，他写的稿件语言简练，思路清晰，写作很有特点。

爱迪生又细心地画好一列火车的图案，去制版公司制了铜版，作为报纸的刊头。爱迪生的报纸即将发行。他一个人身兼多职，既是社长、记者、发行人，同时又是印刷工人和报童。办报的全过程都由他一人来操作，尽管工作十分繁重，他还是非常开心。

他没有时间每天都去采访新闻和撰写报道，所以他并不想出日刊。平日里他搜集了各地的主要消息，然后编撰成稿件。一周发行一次，并把这份报纸命名为大干线上的《先锋周刊》。

“先锋”有勇于进取的意义，由此也可以看出爱迪生是个有理想的孩子。

1862年2月3日，《先锋周刊》终于开始发行了，爱迪生决定每份定价8美分，每天大约可以卖出400份。读者群主要针对铁路上工作或是住在铁路附近的人，报纸登载着有关铁路沿线发生的新闻事件和在铁路上工作的人及他们家族所发生的事情。这份报纸是对开版，别看它篇幅不多，但内容丰富多彩，有新闻，有广告，有铁路沿线的情况报道，还有各车次的行车时间，大大方便了旅客，颇受读者的欢迎。同时，那些工作在铁路线上的职工，是看着爱迪生一点一滴做起来的，非常钦佩爱迪生的精神，在各个方面也给予了大力支持。调度给他提供列车时间表，列车员给他提供沿线素材，报务员更是可以使许多新闻在爱迪生的报纸上"捷足先登"，甚至抢在各大报纸的前面。

没多久，《先锋周刊》声名鹊起，销售量逐渐增加到700多份，就连当时英国最大的一家报纸——伦敦《泰晤士报》也报道过它的消息，引用过它的文章。那是因为有一次，一位叫乔治·斯蒂芬逊的英国工程师刚好搭乘了这班车，看到这份特别的报纸，感到非常有趣。他当场向爱迪生订购了1000份，这是爱迪生有史以来最大的一笔订单。他非常开心地跑回行李车厢，立即赶印了1000份报纸，及时送到了那位英国工程师的手中。那位工程师回国后，在伦敦的《泰晤士报》上大肆赞美爱迪生在火车上创办的这种报纸。

爱迪生出版报纸的心愿终于实现了，又获得了良好的社会声誉，可他一点都没有骄傲。他认为，这不过是他完成了他人生诸多目标中的一个，为他忙碌的生活增加了一项内容和乐趣。而他原来每天必做的那些事情：做生意、搞实验、看书、学电报，依然被安排得井井有条，丝毫没有受到干扰，只是时间更加紧凑合理了。

Chapter2

THOMAS

第二章 命运的转折

EDISON

1. 火车轮下履险救人

美丽的休伦湖草长莺飞，四季更迭。爱迪生每天一面在火车上做着他的报纸生意，一面进行着科学研究和实验。下了火车一有空闲，他就去底特律的公共图书馆读书。

爱迪生早就是图书馆的常客了，不论是严寒酷暑，也不管刮风下雨，他都坚持不懈。他广泛阅读，博览群书，如饥似渴地吸吮着宝贵的知识。

每当爱迪生静静地坐在图书馆看书时，母亲的话便在耳边响起："牛顿和瓦特在学校都不算是最优秀的学生，可是他们并不灰心，仍然不断地努力，最后终于发明了造福人类的东西。如果你好好用功努力，妈妈相信，你也可以和他们一样成为对人类有贡献的人。"母亲的话一直激励着他，使他不断地向更加艰深的学术领域迈进。爱迪生暗暗在心中发誓："我一定努力，将来成为像牛顿和瓦特那样的伟人。"

图书馆的管理员是个和蔼慈祥的老头，由于爱迪生常来这里读书，慢慢地和他熟络起来。有一次在闲谈中，管理员爷爷问他在这里读过多少书了，小爱迪生得意洋洋地说："第一个书架的两层都读过。"而且还自豪地说起自己准备读完这里所有的书籍的野心。管理员爷爷听后，哈哈大笑："你的精神可嘉，可这样没有目的的读书有什么用呢？这里的知识浩如烟海，如果你没有选定主题目标，不但辛苦，还浪费你很多宝贵的时间，于事无益，没有好的效果。”爱迪生听了如醍醐灌顶，茅塞顿开。从此，他开始有针对性有选择的读书，同时也懂得了做事情一定要有目的性。

盛夏的一天夜晚，爱迪生在火车上兜售完他的报纸，正准备回到行李车上，突然他发觉有两位买过他报纸的旅客看着他在说些什么。爱迪生的听力虽然有问题，但是他的第六感极其敏感。他觉得他们的谈话一定和自己有关系，于是他来到他们身边，很诚恳地对他们说明自己的听力有问题，希望可以知道他们的问题。那两位旅客迟疑了一下，用笔写下来，告诉他，这份报纸很不错，只是还缺乏些吸引众人眼球的新闻。

爱迪生回去思考了许久，然后在众人惊诧的目光中毅然决定停办这种只适用于铁路线上的小报，他决定去尝试着走另一条路。

不久，他和他的一位朋友一起合办了另一份报纸——《秘闻报》，专门报道附近城镇上一些有趣的传闻和他人成功失败的一些经历。他通过各种渠道获得了一些比较隐秘的事情，经过编辑渲染之后刊登在报纸上。果不其然，自首刊面世后，一直很受读者欢迎，发行量大大增加。

可是，由于他刊登的许多故事都是真实的事情，情节又经过了夸大修饰，令故事中的真实主人公非常恼火。有一次，有关休伦港的一位重量级人物的事情也被爱迪生搬上了报纸，这下可惹恼了这位大人物。他和爱迪生约定在圣克莱尔河旁见面，爱迪生傻乎乎的单身赴约。他哪里知道等待他的是一场灾难。站在他面前的是几名彪形大汉，在经受了对方的辱骂暴打之后，他居然被他们丢进了圣克莱尔河中，幸好及时被人救起，才算保住了性命。可回家后又大病一场，在养病的日子里，他也在反思自己的行为。不久，爱迪生决定停办这份侵犯了别人隐私的报纸。

重回铁路线的爱迪生更加专注于他的科学实验，又用做生意卖报纸攒下的钱添置了更多的设备和化学制剂，琳琅满目的瓶瓶罐罐，使那节闲置的车厢真正成了一座流动的实验室。

爱迪生常常因为专注于实验而忘记了一切。德国大学教授弗瑞森斯的《定性分析化学》是他刻苦钻研的项目。所以，旅途中的人们常常会看到这样一道特别的风景：一个不修边幅的大男孩一边看着书，一边摆弄着那些神秘的瓶瓶罐罐，时而眉头紧锁，百思不得其解；时而豁然开朗，开怀大笑。

可是有一天，火车开到离休伦港大概10公里的地方，由于这段路轨铺设得不平，车速又很快，车轮开始异常的隆隆作响，车身也剧烈地震动起来。爱迪生正在凝神冥想着一个问题的答案，突然，从一个放置实验用品的架子上掉下来一个玻璃瓶。只听那东西砰的一声，落在地上。爱迪生回头一看，大惊失色。那是一个用水浸泡着磷块的瓶子。那磷块因落地摩擦而迅速起火，红光闪处把木质的车厢地板也燃着了。糟糕，糟糕！爱迪生焦急地脱下身上的衣服奋力扑打。可当时正值盛夏，干燥高温，助长了火势不断地蔓延。正在爱迪生束手无策之际，管理员史蒂文森发现了行李车厢上的火光，心中一紧，三步并作两步冲了进来。史蒂文森见此情景迅速转身提来一大桶水，向火势最凶猛的地方泼去。紧接着，也脱下身上的衣服沾水扑打。经过两人的奋力扑救，火势被控制住，渐渐地熄灭了。

俩人累得瘫坐在一片狼藉的行李车厢里，脸上身上被烟火熏得看不出模样来。尽管史蒂文森对爱迪生一直很友好，但此刻他坚定地摇着头说："你必须把这些东西搬走，这实在太危险了！火车里可不能留这样危险的东西，而且一刻也不能再留，赶快搬走吧！"他强烈要求爱迪生赶快离开这里，并把所有的实验用具都带走。

爱迪生闯祸的消息不胫而走，更有多事者以讹传讹说是爱迪生差点烧光了整列火车。这让南希在家门前焦急地走来走去，翘首盼望儿子能平安归来。她完全没有理会那些流言蜚语，只是有些担心儿子的安危。

回到家中，沮丧的爱迪生像个做错事的孩子，低着头，把事情的始末对妈妈和盘托出。

南希知道了火车实验室着火的前因后果以后，情不自禁地在胸前画着十字："上帝保佑！我的阿尔没事就好！"她拉着儿子的手，不住地安慰着他。爱迪生依偎在妈妈怀里，感受着这宽容博大的母爱，他深深地知道，妈妈才是真正理解他的人。

火车上已经无法做实验了，可那么多的实验器具都放在哪里呢？爱迪生又想到了那个小小的地窖。塞缪尔知道后没有同意，他同样认为这些东西实在是太危险了，火车上不让放，那么家里也一样不保险啊！况且地窖是家中房屋的最底层，万一出了什么状况，岂不是要殃及全家？南希听了，觉得也有道理。但是，还能放在哪里呢？总不能因噎废食吧？最后，塞缪尔想出个主意，家里的房子上面还有个堆放杂物的小阁楼，不如收拾出来做爱迪生的实验室，因为是在房屋的顶层，相对也会安全些。这个主意得到了大家的赞同。就这样，他们家的小阁楼就成了爱迪生的实验室。同时又是《先锋周刊》的编辑部和印刷厂。也是在这里，爱迪生开始了他的电学实验。

爱迪生对于未知的事物总是很感兴趣。他常常想火车头的构造是怎样的呢？它又是怎样拖动长长的车厢的呢？当他在火车上卖报时，一有机会他就跑到车头的司机室，一来二去和司机们混熟了。他仔细地观察和询问着司机开车的方法，并且了解着火车头的结构。有时，他会要求亲自开车，可司机总是拒绝他。毕竟他还是个孩子，哪里敢把火车交给他？可有一天，司机由于太过疲倦，很想打个盹，他就答应了爱迪生的请求，交给他一些简单的操作方法，告诉他前面有一大段是直行的路，可以试试看。

就这样，爱迪生兴奋地坐到了司机座位上。第一次开火车的爱迪生真是神气极了，带着7节车厢，以每小时12公里的速度行驶。开了一段时间，他突然发现锅炉里面的水流了出来，他有些惊慌，没有水的锅炉会爆炸的。他去喊那个司机，可司机睡得很沉，一点儿也没有回应。他又不敢离开司机室，只好自作主张地关闭阀门，使蒸汽减少。可是，从烟囱里喷出来很多黑色的泥水，淋了他一身，这是由于他没有搞懂原理，关闭阀门后，锅炉里的水把煤和油都给挤压出来了。就这样，他坚持到了终点，当大家看到全身漆黑的爱迪生时，都哈哈大笑起来。

1862年8月的一天，是爱迪生生命中很重要的一天。上帝为他关闭了一扇门，却又为他打开一扇窗。

克罗门斯山车站站台上的人们熙熙攘攘，由于这列客货混运的火车需要在此站卸货，停靠的时间比较长。旅客们纷纷下车，三三两两地来到站台上散步。感到有些疲倦的爱迪生也趁此机会溜下车来，活动下筋骨，顺便叫卖着他的《先锋周刊》。

突然，“咣当”一声，正在卸货的列车，有一节车厢突然脱卸开来，轰隆隆地沿着道岔滑行。站台上的人们听到巨响后看到了滑行的车厢，随即，人群开始躁动，有人指指点点，有人大声尖叫起来，更有人干脆捂住了眼睛。

第六感异常敏锐的爱迪生顺着大家指点聚焦的地点看过去，天哪！他的心猛地一沉，那里有个三四岁的小男孩正蹲在铁轨上，用路基上的碎石子垒房子玩，小家伙玩得兴致勃勃，丝毫没有察觉在他身后，危险正在向他靠近。

爱迪生丢下手中的报纸，在众人的惊呼中迅速地奔向小男孩。车厢的滑行速度越来越快，爱迪生也拼命地加速，他在与死神赛跑，而小男孩依然开心地玩着他的小石子。千钧一发之际，爱迪生冲到小男孩身边，一把抱住他。此刻，急速滑行的车厢已经近在眼前，爱迪生急中生智，抱着孩子侧身翻滚出铁轨，车厢在身旁呼啸而过……

爱迪生怀抱着安然无恙的孩子回到了站台上，车站上爆发起如雷的掌声，欢迎着英雄的凯旋。这时，从人群中挤出来一位身材魁梧的男人，二十六七岁的样子。爱迪生定睛一看，原来是麦肯基站长。麦肯基站长用颤抖的声音说："谢谢，谢谢，非常感谢你。这是我的小儿子杰米。是你，救了我的儿子。我该怎样感谢你呢？"他伸出一双大手紧紧握住爱迪生的小手。爱迪生一点都没有想到自己舍身救下的小孩居然是麦肯基站长的小儿子。看着自己平日里仰慕的对象频频向自己致谢，他有些不好意思，腼腆地笑了。

在后来的交谈中，麦肯基站长惊讶地得知眼前这个孩子竟然跟自己偷艺好久了。爱迪生对科学研究的执著让他非常感动，同时也为了报答他的救子之恩，麦肯基站长向爱迪生表示，他将会倾其所有将平生所学的电报技术无偿地教给爱迪生。这可是比金钱更重的酬谢，简直让爱迪生喜出望外，他哪里敢相信这是真的？只见他狠狠地掐了自己一下，哎哟，这不是在做梦吧？

麦肯基爽朗地笑着："怎么，不相信吗？以后你白天卖报，晚上回来时就可以来我这里学习。吃住都在我家里，你看怎么样？"真的是做好人有好报！喜出望外的小爱迪生唯恐错过这个意外降临的好机会，连连点头。

麦肯基站长说："那好吧，你回去准备下，一定和家人说好。"

爱迪生跳上火车踏板，站在车门处与麦肯基站长挥手告别。

回到家里，喜上眉梢的小爱迪生向妈妈叙述了事情的经过，得到了妈妈的大力支持。

从此，爱迪生的人生翻开了新的篇章，真正开始踏上了探索科学奥秘的道路。

2. 崭露头角

就这样，爱迪生一面在火车上卖报，一面利用空闲时间和麦肯基站长学习发报技艺。每当混合列车停靠在克罗门斯山车站时，他都兴冲冲地第一个跳上站台，来到电报室，向鼎鼎大名的麦肯基站长孜孜求学。由于他的好学，麦肯基站长也很乐意教他。爱迪生从小就喜欢组合电气零件，又经常和克兰西玩接发电报的游戏，所以，这一切对他来说都不陌生，稍加点拨，技艺就有大幅的提高。四个月后的一天，麦肯基站长对他说："你现在可以出徒了，因为我实在没有什么可以再教给你的了。"从这天起，爱迪生就具备了做一名正式报务员的资格。

回到休伦港的爱迪生，要做的第一件事就是把自己所学会的本领应用到人们的生活中去。他在一家药店旁租了一个店铺，然后在店铺与休伦港车站之间架设了线路。这样，他就可以在这里把信息发送到休伦港车站，当然，这是需要客人付费的。然而，令他始料不及的是，他的生意冷清得很。这其中最重要的原因是，他的电信局距离休伦港车站只有一公里多点，这么短的距离有谁愿意花钱拍个电报过去呢？何况，小镇上还有另外一家比较正规的电信局。爱迪生出师不利，这次的生意草草收场。

小镇上的另一家电信局是托马斯·沃克(Thomas Walker)先生开的，这家电信局规模也不大，也是只有一名报务员。这间小店之所以能支撑下来，是因为沃克先生并不只是依赖着电信来生活。他的主要经营项目是书店和珠宝店。当沃克先生听说爱迪生是麦肯基的徒弟，欣然应允让他来到店里任职，只是工钱少了些，每月20美元。

塞缪尔知道后，心里不太满意，他认为这与儿子的价值不符，并不想让儿子在这里赚这点可怜的小钱。但是爱迪生可不是这样想的，他与爸爸的价值观念截然不同，对这份工作他非常感兴趣。他认为这里工作环境好，毕竟这是一家正规的电信局，仪器设备都很专业，总比自己东拼西凑起来的机器强。何况，这里和珠宝店连在一起，珠宝店内的修表匠也有很多工具放在这里，做实验的时候，借用起来也很方便。而且在晚上，他还能偷学那位接电讯稿的电报员的经验。还有，最吸引他的是老板铺子里有很多关于科学技术的杂志图书，他可以借过来免费阅读，这样可以工作学习两不误。正因为他是抱着学习的态度来看待这份工作，所以他还是比较满意这份工作的。

随着爱迪生知识的日渐丰富，对科学研究的不断深入，他需要更宽更广的发展空间。

1863年，爱迪生经过麦肯基站长的介绍，来到特斯拉福特铁路局任职报务员，他在这里负责接收“夜电”，工作时间是晚上7点到第二天早7点，每月可以拿到25美元的薪水。这个地方距离休伦港只有100英里，距离加拿大也很近。这次是爱迪生第一次离开家庭独自生活，对于爱迪生来说也是一次重要的转折，对他今后的成功起着不可估量的作用。

爱迪生经过麦肯基站长的精心栽培，又有了在沃克电信局工作的经验，一般的设备故障检修，他都能应对自如。而孜孜不倦的爱迪生，并不满足于现状，随着他眼界的不断开阔，他反而觉得自己学到的不过是九牛一毛，实在是浅薄。爱迪生更加热爱和痴迷于探索着这个博大神秘的未知世界。

面对着“滴滴答答”的电报机，他虽然学会了操作和检修，但是不明白其中的原理。这神奇的东西，怎么就可以收发那么遥远的信息呢？好奇的爱迪生虚心地去请教其他的前辈，可那些人也和他一样，都是一知半解，说不出根本的原理来。失望的爱迪生只得又去书本中寻求答案。

因为他上的是夜班，白天就有很多空闲时间。爱迪生就利用这些空闲时间，钻研电报原理，不肯休息。而到了晚上值班时间，并没有多少电报需要收发，也是无事可做。惜时如金的爱迪生怎么会让这宝贵的时间白白浪费呢？他没事的时候就把钟表拆开，研究其原理，然后再按照原样装上。就这样，白天研究电报，晚上研究钟表，只有累极了的时候，他才去躺下睡一会儿。但是，按照铁路局的规定，值夜班的报务员是不允许睡觉的。而且，不管有事无事，到了晚上9点以后，每小时都要向车务主任发送一次数字“6”作为信号，以证实自己正常的工作状态。

这可难不倒聪明的爱迪生。他活学活用，很快就利用自己掌握的钟表知识和电报知识发明出一种自动定时发报的小装置。这个小装置能够准确地按照规定时间拍发出规定的信息。有了这个可以瞒天过海的装置，爱迪生在疲倦的时候就可以安心地打瞌睡了。

负责管理电信的车务主任摩斯先生发觉特斯拉福特枢纽站的工作人员工作勤勉，每天晚上所发出的信号，不早不晚，非常精确，他从心里佩服这个报务员的忠于职守，并且对这个勤奋的报务员给予表扬。

可是好景不长。正当爱迪生为自己玩弄的小聪明窃窃自喜的时候，一个意外事件的发生彻底揭露了事情的真相。

古人云：若要人不知，除非已莫为。

一天夜里，摩斯先生因为有急事，发出信号。可发出的信号犹如石沉大海，杳无音讯。摩斯先生越来越焦急，担心爱迪生会遭遇什么不测。因为这个报务员刚才还按时发回信息，现在怎么可能不回信息呢?

这几年连年内战，整个社会动荡不安，经常会有抢劫枪杀等案件发生……摩斯先生浮想联翩，越想越担心，如坐针毡。于是，他叫了两名随从，准备了手摇车去特斯拉福特枢纽站一探究竟。

特斯拉福特枢纽站的电信室里静悄悄的，报务员爱迪生正直挺挺地靠着椅子睡觉呢。眼前的场景让摩斯先生大为恼火，原来这个在他眼里最优秀的员工欺骗了他！正当他的随从准备喊醒爱迪生时，突然在发报机上发现了一个奇怪的装置。他立即制止了他的随从，走上前去，看看究竟是什么东西。那个小装置并不十分复杂，只是在发报机和钟表之间安装了一个缺口轮，缺口上有个小木棒，钟表只要滴答滴答地走，那个有缺口的轮子也慢慢地走，缺口轮的转动和钟表的分针转动是一致的，刚好一个小时。摩斯先生饶有兴致地研究着这个装置。眼看着就要到整点的时间，随着时钟敲响最后一下，那个小木棒像有魔力般地掉向缺口，刚好敲向电报机的按键上，及时准确地把信息发了出去。尽管爱迪生欺骗了摩斯先生，但摩斯先生还是很欣赏他的聪明才智。

不管怎么样，这次的人赃俱获让爱迪生羞愧不已，他发誓以后绝不会再做这样投机取巧的发明。可这次，他也毫无颜面继续留在这里，只好辞去特斯拉福特枢纽站的电信工作。

虽然摩斯先生对爱迪生利用小聪明愚弄了他很生气，可还是很看好爱迪生的才能，觉得他将来一定会有所作为，所以推荐他去萨尼亚站就职。

爱迪生去萨尼亚站任职不久，又发生了一件给他带来影响的大事。

一天晚上，爱迪生正在值班，突然接到本部发来的急电，命令行驶中的一列货车马上停下来。爱迪生接到指令后，迅速回复，并飞奔出去寻找信号员去制止列车的通行。可还没有等他找到信号员，那列货车已经风驰电掣般地从他身边掠过。爱迪生紧张极了，又迅速跑回电信室，颤抖着向总部发出信息："列车已经通过。"他心中默默地祈祷着：上帝保佑，千万不要出什么大事情。

也许是上帝听到了爱迪生的祈祷，那两列货车相互发现了对方的灯光，采取紧急制动，居然化险为夷。为此，爱迪生还被加拿大多伦多铁路局传唤。不久，他辞去了萨尼亚站的职务。

此时的美国正值南北战争打得火热之际，国内各地硝烟四起，局势动荡不安。电报是当时最先进的通信工具，也是军队通信的首选，而电报本来就是新生事物，能够熟练操作的人不多。当时大约有1500名报务员都被吸收入伍，造成民用报务员的奇缺，很多的电信公司都不得不高薪聘请，同时也造成了报务员的工作流动性很大。

爱迪生决定孤身去美国的中西部闯荡。从此，他开始了颠沛流离的生活。

从1864年到1868年间，爱迪生换了约10个工作单位。其中有5家主动辞掉他，还有5家是他自己辞掉不干的。而促使他辞掉工作的原因很多，其中最主要的原因是他个性很强，每到一处新的岗位，他需要的是能够施展他的能力的空间，他热衷于化学和电学的实验研究。他不同于普通的报务员，一般的报务员只要熟悉操作就可以了，而他却是要深入探究其原理，不断地革新改造，他努力使这些新生的技术更好地服务于社会，同时，他桀骜不驯的个性也很不招人待见。

1864年，他在底特律西南60公里处的艾德里安找到新岗位，受雇于肖尔湖-密歇根南方铁路，每月可以拿到75美元。但他只做了三个月，因为有一次拒绝执行铁路总监的命令：中断线路，插送一条重要电文。执拗的爱迪生没予理睬，坚持按照顺序发送，所以冒犯了上司而出局。接着，又辗转到印第安纳的韦恩堡做了一名电报技师，可三个月后，他又被迫离职，因为他上司的朋友看中了他的那个职位。

天性乐观的爱迪生并没有气馁，鼓足勇气，又来到了举目无亲的印第安纳波利斯。

10月份的印第安纳波利斯已经是寒冷的冬天，衣着单薄破旧的爱迪生在大街上四处打听着哪里有报务员的空缺，接连问了好几家电信局，人家都没有看上这个土头土脑的乡下人。还好有位好心人指点他来到了西方联合公司。

站在西方联合公司的办公室里，负责人看他这身打扮，也暗自摇头，不相信他有能力担任报务员。不服输的爱迪生请求他们能给自己一个机会，负责人心想那就实际操作试试，如果不行的话也让他心服口服。

当爱迪生不慌不忙地坐在电报机前，接通电路，那快如闪电的速度令考官们难以招架，不得不让爱迪生一再重复所发的电文。真是人不可貌相，海水不可斗量，没想到这个看似平常的大男孩竟然有这般功夫。他们非常高兴地通知爱迪生，他已经被西方联合公司正式录用了。

由于爱迪生在电报方面的造诣，操作熟练，业务水平远远超出其他报务员。在当时，收发新闻稿件的数量很大，薪酬也最高，爱迪生也很期望能够让工作更稳定。他发现，一条线路每次只能发送一条电报，如果能同时发送两条，那效率岂不是翻了一倍吗？还有这种纸条记录的设备需要改进，以控制记录的速度。爱迪生是个敢想敢做的人，想到必须做到，经过一段时间的研制，新式的二重记录机诞生了。他把自己的想法和他一同值班的同事说了。同事将信将疑地看着他："有这个可能吗？"爱迪生二话不说，给他展示了自己的科研成果。为了避免麻烦，他们两个在夜班时把这个新设备装上，下班时又偷偷拆下来，没有一点蛛丝马迹。

由于有了二重记录机在起作用，这两个值班报务员整齐美观的电文抄本，总是把大家惊得目瞪口呆。经理觉得非常不可思议，但又不知道其中的秘密，真是百思不得其解。

二重记录机获得成功，爱迪生又振奋精神，开始研究二重发报机。期望能够实现他一条线上同时拍发两个电报的愿望。

3. 漂泊的岁月

纸总是包不住火的。就在爱迪生专心致志地研制新发明，想要实现自己愿望的时候，偏偏节外生枝，又生出一场变故。

一个寒冷的冬夜，由于要接收关于林肯总统选票的消息，大批的新闻电稿涌了过来。爱迪生和同事用冻得僵直的手指，飞快地抄收，就算有二重记录机的帮忙，可还是应接不暇，造成大量的电稿堆积。当对方将稿件全部发完，爱迪生和他的同事几乎慢了一个半小时。以至于报馆的编辑人员不断地前来催稿，有的甚至不耐烦地指责着他们并投诉到经理那里。

经理知道后，一路追查下来，竟然查到夜班报务员这里。爱迪生和同事刚刚抄完全部的电稿，正想动手拆下那个二重记录机。却被经理发现，怒火中烧的经理根本不听爱迪生的解释，指着爱迪生的鼻子，不分青红皂白地说他私自拆毁公司设备，造成事故，给公司造成了严重损失。

爱迪生认为自己的发明也是为了提高工作质量，没有什么不对。所以，他生气地顶撞了经理。最终，他默默地回到宿舍，收拾好自己的东西，决定离开这里。在西方联合公司的印第安纳波利斯分公司的职工花名册上，有这样几行简单的记载：托马斯·阿尔瓦·爱迪生，二级报务员，1864年12月到职，1865年1月离职。月薪75元。

备受打击的爱迪生再次失业，他犹如一叶漂萍，只有一身灰旧不合体的衣裳陪着他四处漂泊，他一个人背着行李孤独地走在异乡的大街上。每找到一份新的工作，爱迪生都会用极少的钱租个住处，并把居室腾出来一部分作为实验室，继续他的科学实验。拿到工资的第一件事，就是添置实验所需要的设备以及化学药品。很多时候，拮据的他需要向朋友们借钱来吃饭。他还是那样不注重修饰自己的外表，一头杂乱的卷发，半旧不合体的衣服。他住的宿舍又阴又暗，没有人给他清洁打理。又因为耳聋的缘故，他不喜欢与人沟通交流，似乎显得不太友好，只是整天默默地沉浸在科学技术研究之中。这时期的电报装置还不是很完善，很多噪音干扰着发报的准确性，造成报务员所接收的电文缺失。这时候，爱迪生就充分发挥出他曾经编辑过报纸的经验，他完全可以把丢失的部分编写得天衣无缝。

爱迪生努力地工作，很快就成为有名的快速发报员。他的成功也来自他的专注，传说有一次他抄收一条很重要的电文，由于他全神贯注一丝不苟地抄写，像一台记录准确的机器，竟然没发现他抄录的是条轰动世界的重大新闻：1864年4月14日林肯总统在华盛顿的福特剧场遇刺。

19岁的爱迪生成熟了很多，由于需要，他来到辛辛那提工作。他刻苦地钻研着科学知识，业务水平也大大提高，薪水已经从原来的每月75美元升至每月120美元。他利用闲暇时间在公司的地下室里继续研究着在一条线路上同时发送两条电报的科学课题。

在这里他结识了一位志同道合的好朋友米尔顿·F·亚当斯。亚当斯也很喜欢研究电报，是个热情开朗的年轻人，有着善良的心地，在以后的工作生活中给予了爱迪生很大的帮助。他时常担心爱迪生孤僻的性格会让他变得更加自闭，经常陪伴爱迪生一起去看戏，听音乐会，还在一起研究书籍和绘画等。他就像一缕阳光温暖着爱迪生孤独的心灵，陪伴他在科学研究的道路上坚定地走下去。他们经常在一起摆弄着电池电路，一起寻找能够使工作更为简单的方法。

可是不久后，爱迪生又去了辛辛那提南面的纳什维尔，而亚当斯则去了北方的波士顿。

爱迪生一个人走南闯北，受尽了讥讽冷眼，忍受着寒冷饥饿。但是，无论他走到哪里，他都坚持不懈地研究二重发报机。

他随身总是带着一个旧的记事本，随时记录着一些图样。有一次，他正在接收来自孟菲斯的来电，突然想起什么问题，他居然让对方暂停，自己马上在本子上记录后才让对方继续。爱迪生这些怪异的行为让很多人不能够理解，尤其是他的老板。他已经把全部身心都投入到科学研究中，总是在无意中耽误了工作，致使老板严重不满，屡次被辞退。

1866年，他又来到孟菲斯，由于他技术精湛，他的月薪升至125美元，可他宁愿忍饥挨饿也要节省下来生活费，用于购置书籍仪器。到了寒冷的冬天，他也不买大衣，以致经常受寒感冒。他购买的书籍中包括一本塔克（George Tucker）著的《杰斐逊传》，还有一本西班牙文字典。同时，他还写信请求母亲帮助购买一些书籍，并告诉母亲说，他准备学西班牙语。

他晚上负责接收新闻夜电，白天就忙着做这些实验。工作积极努力，有一次线路突然发生故障，他积极地帮助总报务长及时修复，恢复了纽约和新奥尔良的通信联络。与此同时，他研究出一种可以自动转发的装置。这台装置可以把一台电报机的传送内容输入到另一台不同线路的发报机。孟菲斯的

《孟菲斯广告商报》对爱迪生的这项发明创造大加赞赏，并为他作了新闻专访。可他的上司科尔曼说什么也不相信这世界上会有什么一条线路上能拍发两条电报的二重发报机。他认为爱迪生不务正业，投机取巧，不能够安心踏实地工作。爱迪生再次失去了工作。

生性执著乐观的爱迪生越挫越勇，他毫不在意别人对他的看法。坚定地认为自己的想法是可行的，无论什么困难也动摇不了他要攀登科学高峰的决心。

身无分文的他又来到路易斯维尔，那里正值暴风雪的天气。人们用奇怪的眼光看着这个在寒风朔雪中穿着单薄衣衫，戴着一顶夏天的遮阳帽的年轻人。

他为了提高自己作为新闻电报员的技术水平，每天都要阅读大量的报纸，因此他知道了大量的时事要闻，并熟悉了新闻编写方式。这为他今后的工作奠定了良好的基础。他在路易斯维尔的工作中表现得非常出色，每当他接收那些冗长的新闻时，他总是充分发挥自己的想象去编辑，然后用手指飞快地打出一篇篇措辞流畅的新闻稿，他抄收的稿件非常受当地报馆的欢迎。在路易斯维尔的工作中，他摸索发明了一种纵行书写的方式，这种方式写出来的字体清晰不相连，字体清秀，非常便于快速抄写记录。现在的他更向往做一名职业的发明家，他开始有些讨厌报务员的工作，因为他认为这个工作总是一成不变的。

爱迪生这一次的职业生涯终止于他的一次自以为是的冒险。

当时，美国南部的弗吉尼亚州正在竞选联邦参议员，约翰·M·波茨是呼声最高的热门人选，但是他还没有获得足够的选票，因此立法机构还在一天天的开会。爱迪生还听说，波茨的反对派内部分裂，波茨有可能翌日当选。夜里，当爱迪生收到里士满发来的电文，刚刚收到波茨的名字，突然发生故障，线路中断，而此时，报馆已经派人来等候电稿。情急之下，爱迪生自作主张地杜撰了一份关于波茨当选联邦参议员的新闻电稿。就这样，路易斯维尔的报纸照此刊登，大街小巷都传遍了波茨当选的消息。可实际上波茨并未当选，所有的报纸又重新刊登了更正。爱迪生也为此付出了代价：再一次失去了工作。

此时的爱迪生已经成长为历经风风雨雨的雄鹰。他健壮了许多，更有着年轻人所特有的梦想和激情。偶然的一次机会，他看到巴西政府招募报务员的消息，就和两个曾经在军队中做过报务员的朋友商量，一起远赴南美，去巴西做报务员。

三个怀揣梦想的年轻人并未多加考虑，匆匆地来到了新奥尔良，打算从这里乘船去巴西。可不巧的是，去南美的客船前一天就已经出发了，而下一个班次还要等待很久。三个年轻人无奈地站在码头上，沮丧极了。正当他们不知如何是好的时候，遇到一位从南美载运水果的船长，他们央求他捎带他们去南美，可是船长拒绝了他们。那位好心的船长认为，他们只是一群头脑发热的年轻人，南美目前的状况很艰苦，还未开发完全。同时，船长走南闯北，凭着自己多年的经验为他们分析了

南美各国的国情，他认为美国比巴西的机会更多，更适合年轻人实现自己的梦想。所以，规劝他们留在美国。爱迪生听了船长的分析，感觉很有道理，随即打了退堂鼓，准备返回路易斯维尔。而其他的两名年轻人执意要走，终于在几天之后，登上了去南美的客船。后来听说，他们上岸后不久，患上了当地流行的一种怪病——黄热病，最终因为无法救治，命丧异国。足够幸运的爱迪生逃过此劫。

回到路易斯维尔的爱迪生还要继续做报务员谋生，可他依然执著地坚持自己的梦想，寻找着一切机会做一名发明家。有一次他在西方联合公司楼上的一间房间里做实验，不小心打翻了一瓶充电池用的硫酸，没想到硫酸一直流到了楼下经理的房间，腐蚀了经理的桌子和地毯等物件。大发雷霆的经理说："我们需要的是报务员，而不是什么实验员，你听明白了吗？"爱迪生只好再次离开路易斯维尔。

他又来到了辛辛那提，在那里租到了一间廉价的小屋，他可以在那里继续做他的实验。工作期间又结识了一位同事——乔治·埃尔斯·沃斯。这个人做过军队中的报务员，对电报系统非常了解。混乱的内战中，他截获过联邦军队的电报。他认为，如果爱迪生能够发明出一种防止被截获的线路，他们完全可以卖给政府，这样他们还可以赚到一笔钱，何乐而不为呢？爱迪生想了想，的确是个好主意，他的聪明才智再一次得到了发挥。经过不断地实践，反复地推敲，他终于研制成功了。

住在休伦港的塞缪尔一家，生活还比较稳定。爱迪生的几个哥哥姐姐各自都成了家，自立了门户。南希唯一担心的就是这个最小的儿子，漂泊在外，没有稳定的生活。好在每隔一段时间，爱迪生都会寄信回来报个平安。虽然南希支持儿子出去经历风雨以历练自己，可还是朝思暮想地盼着儿子能够回家。

光阴荏苒，转眼间到了1867年的春天，爱迪生在阔别家乡3年之后，出人意料地站在南希面前。

南希激动地端详着面前这个让她日夜牵挂的儿子，个子长高了，曾经单薄的身体也结实了许多。回到家中的爱迪生又尝到了妈妈做的可口饭菜，感受着家的温馨。

此次回家，爱迪生以为他漂泊的生活至少可以暂时安稳，可没想到，国内战争虽然平息，但是社会局势动荡不安。在他回家的几天后，地方当局以军用借口，通知他家搬离这里。塞缪尔一家只得暂时寄居在一个友人家中，另外在郊区选址重新建造房子。

休伦港的人们都觉得爱迪生没什么出息，都这么大了，没有工作没有钱，还不能养家糊口。而见过了世面的爱迪生也觉得休伦港大不如前，没有什么发展变化，不适合他继续留在此地。他决定再次出去流浪，于是背着爸爸妈妈给曾经的同事——亚当斯写了一封信，请求他在波士顿帮他找份工作。

4. 职业发明家的诞生

亚当斯收到昔日好友的消息，心里非常高兴。自从他俩离开辛辛那提各奔东西后，亚当斯独自来到波士顿，在西方联合电报公司谋到了职位，与爱迪生始终没有联系。如今知道好友生活困顿，热心又善良的亚当斯立即去找公司的经理米利肯说明了情况。米利肯是个很有才华的管理者，为人正直，当他看到爱迪生整齐隽秀的书法字体时，啧啧称赞，这字如同印刷的一般清晰端正。他手拿着爱迪生的求职信，对亚当斯说："他抄写电报时，也会是如此整齐吗？"

"是的，先生。这就是他发明的新式书写方法，这种抄写方法，不仅整齐清晰，书写记录的速度也很快，是他的独到之处。"亚当斯不失时机地推荐着自己的好友。

"如果事实真的如你所说，我可以让他来。"米利肯颔首赞许。

真是慧眼识英雄，亚当斯心中一阵狂喜，没想到事情办得如此顺利。他立即给爱迪生发出消息：恭喜求职成功，事不宜迟，火速登程。

爱迪生接到信后，也是十分惊喜。立即告别家人，奔赴波士顿。

波士顿是位于美国麻省的繁华中心大都市，世界知名的哈佛大学和麻省理工学院均落户于此。这里也曾经是美国的第一大海港。波士顿是个非常适宜工作学习的好地方，因为这里有很好的工作环境和学习氛围，也有个和底特律一样的著名公共图书馆。在这里，爱迪生度过了他人生中非常愉快的一段日子。

1868年3月，爱迪生由休伦港出发，经过多伦多，由于旅途中遭遇了一场罕见的暴风雪，在风雪中被困达24小时，列车抵达蒙特利尔的时间竟然推迟了4天。这是在爱迪生预料之外的事情，他身上没有带足够的钱，等列车到达波士顿时，他已经身无分文饿得筋疲力尽。

热情的亚当斯拥抱着昔日的老友。这时他才发现，老朋友还是穿着两年前在辛辛那提时的旧衣服。他有些心酸，但是他知道爱迪生是因为把全部的金钱和精力都投入到科学实验中，才会落得如此光景。他拍拍老朋友的肩膀，为他打气说："你先休息一会儿，下午5点半经理要面试你。我相信，你一定行！"然后，带着他把行李物品搬到宿舍，安置妥当。

波士顿的冬天，夜幕降临得很早。5点多的时候，太阳已经西下，大街小巷渐渐安静下来。唯有西方联合公司的报务室，热闹非常，挤满了人。因为大家都知道今天要来一位特别的新同事，据说本领非常，经理要亲自面试他。而且大家都知道经理特别准备了一份超长的新闻稿，由纽约的第一号快手来发送。

当亚当斯带着土里土气的爱迪生走进来时，人群哗然，开始有人嗤嗤偷笑，因为他们没想到让经理特别重视的人竟然是个乡下人。

米利肯咳嗽一声，大家立刻安静下来。他示意爱迪生坐在桌前，桌上端正地摆着一架电报机。

测试开始了，米利肯让他接收发给《波士顿先驱报》的一份很长的新闻稿。对方派出的快手开始拍发，慢慢地加速，爱迪生不慌不忙，有条不紊地记录抄写着电文。一会儿对方开始发力，努力地加快速度，他想让爱迪生落后。可爱迪生就像个黏人的尾巴，很难甩掉。即便落后，没多久，爱迪生就会追赶上来。报务室里的人们个个屏住呼吸，见证着这场没有硝烟的战争。看来对方有些被激怒了，故意忽略了符号，以增加收抄的难度。可爱迪生非常熟悉新闻电稿的收发格式，很快就整理好，一份超长的新闻稿顺利地抄完了。米利肯拿着爱迪生抄写的电文，果然与信上的字体一样，他赞许地点点头，表示同意录用爱迪生。亚当斯热烈祝贺着自己的好友被成功录用，同时也得到了那些观战的同事们由衷地佩服。爱迪生因此获得了“最佳报务员”的称号。

爱迪生在工作中表现了他非凡的才能，也得到了经理米利肯的肯定与支持。但是爱迪生桀骜的个性依然在这里延续，他常常无视上级，不听上司的指令。有一次，他抄写了

1500字的电文，他习惯了自己紧密的排列写法，抄写得很紧凑。但是上司命令他重新抄写，爱迪生恶作剧地就在一张纸上抄写一个字母。为此，他被调离抄写通讯稿的岗位。好在米利肯爱惜人才，对他的一些行为能够包容理解。当他知道这个看起来并不出众的年轻人正在研究二重发报机，也感到很有兴趣。他叫来爱迪生询问这件事，爱迪生接连几次都是因为搞发明而失去了工作，这次哪敢不吸取教训？他支支吾吾地不肯承认。米利肯想起亚当斯和他说起过爱迪生的往事，也明白了他的心思。就温和耐心地开导他，表示愿意支持他的发明实验。爱迪生还是第一次遇到愿意支持自己发明创造的上司，他的眼里闪动着激动的泪光。于是，他大胆地把自己的实验计划和盘托出。米利肯非常惊讶这个年轻人非凡的创造力和为了发明二重发报机而付出的不懈努力，慎重考虑后，他告诉爱迪生可以利用纽约线路比较空闲的时间段来进行实验。

得到上司大力支持的爱迪生劲头更足了。他夜以继日地努力钻研，不眠不休。饿极了，就胡乱吃口饭。困极了，就随便找个地方打个盹。亚当斯看在眼里，很生气地规劝他："这样下去怎么行？你又不是机器，人总是要休息的。"爱迪生当然知道亚当斯是为自己好，笑了笑："人的一生能有多少时间啊？可还有那么多的事情需要做，不这样紧张点不行呀！"

一次偶然的机会，酷爱学习的爱迪生看到了一本《法拉第电学研究》，这让他眼前一亮，如同发掘到了奇珍异宝。这本书所著述的电学知识非常翔实，超越于任何一本他看过的电学著作，而且还阐述了电报业发展的理论基础，给了他非常大的启发。法拉第小的时候和他一样是个穷人家的孩子，也没上过多少学，并热衷于电学研究以及发明创造。这让爱迪生有了如遇知音的感觉。在这段时间，这本书与他日夜为伴，这是一本对他的一生起着重要作用的书。

当时的美国，电学在生活中最重要的应用就是电报。而电报的价值在美国内战时期就得到了体现，尽管那时的电报还处在雏形阶段，很多地方还有待于进一步的改进和完善。

想到必做到是爱迪生一贯的做事风格。他每学习完一章，都要亲自动手实验以证实这些间接知识的真实性和实用性。同时在这个过程中，他也获得了很多实用性的电学知识，为他以后在电学方面的发明和创造打下了坚实的基础。没有实验经费，他就尽力地缩减生活费，用节省下来的钱，购买实验所需的器材。

聪明的爱迪生更乐意做一些便利于大家生活的小发明。有一次，当他正在钻研技术的时候，感觉肚子很饿。看看手表，才知道早就过了午餐的时间。当他匆匆来到食堂，来取亚当斯为他留好的午餐。天哪，这些面包上已经爬满了蟑螂，这可真是恶心。他对这种小生物很是气愤，决定用自己的智慧惩罚它们。他找来锡箔接通电源，轻而易举地杀死了很多讨厌的蟑螂。以前那些同事总是看不起他，因为他整天研究却没有实际的结果。现在，这些人开始对他刮目相看了。

爱迪生继续坚持着发明出二重发报机的梦想。他不知道经历了多少失败，熬过了多少不眠夜，只为了发明出二重发报机。

1868年，波士顿的春天来了。在当地报纸的显著位置，刊登了一条重要的消息，中心内容就是爱迪生发明出了二重发报法。就连专业性很强的《电报杂志》，也对此发表了评论。大家都认为，这样的发明非常重要，这是电报史上的一件大事，对电报事业的发展起到了不可估量的推动作用。

二重发报法的发明，对爱迪生的个人生活也是个很重要的转折点。他的努力，终于得到了社会的认可和肯定，他更加意气风发，精神百倍地开动脑筋，坚定地向着科学高峰前进。

个性极强的爱迪生做起事来总是那么出人意料。正当他在电报业内大放异彩的时刻，他居然想要提出辞职。不仅周围的同事不理解他，就连支持他的米利肯和亚当斯也百思不得其解。后来他对亚当斯的解释是：要做一名职业的发明家。

这简直让亚当斯哭笑不得，问他："你没有固定的收入，怎样生存呢？"可爱迪生似乎并不认为这是个问题，他认为自己漂泊惯了，可以适应这样的生活。

这段时间，他出入了波士顿的很多工厂。包括贝尔电话的制造商——威廉姆斯电器厂。

就是在这家工厂里，有一台被爱迪生称做"投票记录器"的机器。这是爱迪生在做报务员抄收电稿的时候，发现议会每通过一项决议案，都需要投票。而投票的过程极为繁琐，需要唱票、点数、反复核对等，浪费了大量的宝贵时间。惜时如金的爱迪生认为这是一件很重要的事情。所以，他萌生出要发明出一种简便易行的投票记录方法，来改变这种落后的方式。于是他决定运用电报原理，发明出一种新式的投票器。酝酿成熟以后，他走遍了波士顿的大街小巷，终于找到一家与他合作的工厂，就是这家威廉姆斯电器厂。爱迪生亲自设计了各个零部件，经过反复实验测试组合，终于在1868年10月研制成功。兴奋的爱迪生马上详细地写好一份专利申请书，连同投票机的结构图一并邮寄到华盛顿的专利局。

到了10月中旬，爱迪生收到了来自华盛顿专利局的邮件。当他看到里面的登记证书时，激动得闪动着泪光。登记证书上写着：托马斯·阿尔瓦·爱迪生先生，您申请的专利经审查合格，准予登记。登记号码为第90646号，登记日期是1868年10月11日。

随即，爱迪生带着他的投票记录机来到了华盛顿，准备找议会的有关部门来推销自己的专利。当他为国会议员们演示了投票机的使用操作后，满腔的热情被淋了一头冷水，他们对此根本不感兴趣。原来，他们根本无意让投票进程加快，慢慢地投票是为了给少数派拖延时间，是出于政治上的需要。科学和政治是有差异的。

爱迪生沉默了。他开始反思自己，总结了失败原因，也吸取了应有的教训，他坚定地对自己说："搞发明，首先应该考虑人们的普遍需要，像投票记录机这种对大众无用的东西，往后再也不搞了！"

顿悟后的爱迪生毫不气馁，一点儿也没动摇自己要做一名职业发明家的梦想。只是改变了方向，将发明创造的重心转移到大众的需求上。

爱迪生发明的投票记录机就这样搁浅，没能实现它应有的社会价值。可是，通过此事，波士顿人都知道了爱迪生是个真正的发明家，他得到了社会的尊重和认可。

为此，波士顿女子中学的校长多次邀请爱迪生来学校作关于发明创造和科学研究的演讲。爱迪生本来就不善言辞，听力又受损，怎么能演讲呢？可是，由于对方的再三邀请，爱迪生盛情难却，实在推脱不掉了，他只好向好友亚当斯求助，热心的亚当斯答应了陪同他前往波士顿女子中学演讲。

当爱迪生站在讲台上，望着台下黑压压的人群，而且还都是女生。他冷汗涔涔，尴尬得竟然说不出一句话来。亚当斯不失时机地为他递过演讲稿，并用眼神鼓励着他，仿佛在说："你能行！"爱迪生深吸一口气，重新调整了自己的状态，顺利地按照计划完成了这次演讲，并博得了非常热烈的掌声。

5. 商海扬帆

此时的美国，经过连年内战，到处硝烟弥漫，伤痕累累，社会损失极为惨重。被战火洗刷过的地方，良田变为荒漠，哀鸿遍野，民不聊生，老百姓生活在水深火热之中。政府中的贪官污吏，市场上的投机商人更趁此机会浑水摸鱼，投机倒把的现象层出不穷，把整个市场经济搞得乌烟瘴气。为了调节通货膨胀的影响，政府大量发行纸币，导致了金价物价一涨再涨。

纽约是美国的金融中心，每天的金价更是瞬息万变，令人提心吊胆不敢眨眼。很多有钱的商人特意雇佣了很多人日夜值守，为的就是能及时得到金价行情。

金行交易所里有个叫做洛斯的人，也是电学的爱好者，并且受过高等教育。他根据电报的原理，设计了一款金价标示机，并成立了专业公司。聘请了著名的报务员波普作为技师，专门为需要金价信息的交易所以及商号店铺提供及时有效的金价变动信息，交易所及各商铺只要交付一定的费用，安装一架标示机，在家里就可以随时知道金价变化的信息尔而运筹帷幄了。

此时的爱迪生为了实现他做一名职业发明家的梦想，真的辞掉了报务员的工作，一心一意地投入到二重发报机的正式实验。而波士顿的市场行情也和纽约一样，黄金价格扶摇直上，物价上涨，金价标示公司应运而生。爱迪生觉得这的确大有可为，他买来一架金价标示机进行研究，并加以改进，使用起来更加便利，并且申请了专利。同时，他又发明出“极化继电器”，为电极界做出了重大贡献。然后，他在波士顿建立了信网，也经营起这样的生意来，他很快就拥有了三四十家客户。

很快，爱迪生发觉这份生意虽然红火，但收入并不高。于是，他又开始把注意力集中到各商家都需要的信机械上。他设计出一个可以拼出文字的字母盘，它可以把文字传送到另一个字母盘上，再拼出电文。这款信机投入市场后，获得了很好的销量。

爱迪生念念不忘二重发报机的实验，这个实验需要电报公司线路的支持。1869年年初，他向曾经工作的西方联合公司发出申请，请求帮助。但是西方联合公司以线路繁忙为由，拒绝了他。锲而不舍地爱迪生转向大西洋——太平洋电报公司，该公司对他的这个方案很感兴趣，愿意提供800美元作为完善资金。

1869年4月，由于设计得不够精密，实验失败。他想去专利局登记，可是他已经山穷水尽，背负了一身债务。在亚当斯的劝说下，爱迪生来到了纽约这个作为国际金融中心的大都市。而他的好友亚当斯决定去旧金山发展，两个好朋友再次各奔西东。

1869年深秋，爱迪生乘汽船抵达纽约港。这个刚满21岁的年轻人背着破旧的行囊，身无分文，怀揣着梦想，踏上了这个国际大都市的土地。饥肠辘辘的他非常需要一顿早餐，可他摸摸口袋只能无奈地叹口气。这时他发现了一家制茶店，有个人正在每一口热气腾腾的锅里分辨着每一种茶的种类，他鼓足勇气走上前，要了一份样品。就这样，他获得了在纽约的第一份早餐。

站在这个陌生的城市，爱迪生首先想到的就是要去寻找一个他曾经相识的电报生，或许能够得到工作的机会。可当爱迪生找到他后，完全失望了，因为那个电报生也在一周之前失业了。对于爱迪生，他所能提供的帮助就是借给他一块钱，而这一块钱需要支撑到爱迪生找到工作为止。

爱迪生漫无目的地走在纽约繁华的街道上，这里商贾云集，店铺林立，一片车水马龙的繁华景象。他摸摸口袋里的一块钱，暗自踌躇。突然，他看到街边一个金价标示公司的招牌，猛然想起曾经认识的波普，或许他可以提供一些信息吧。他一路打听，来到了洛斯的金价标示公司，找到了波普。

波普是个热情爽朗的人，虽然与爱迪生不是很熟悉，但是久闻其名，而且两人是同行，一个是纽约的报务高手，一个是波士顿小有名气的发明家，于是一见如故，惺惺相惜。波普把爱迪生安置在自己的办公室里，得知爱迪生还饿着肚子，又赶忙买来一些面包火腿给他填饱肚子。当晚，爱迪生在这个公司的地下室里临时搭了一个铺位，住了下来。

第二天一早，波普就投入到紧张的工作中，无暇顾及照顾爱迪生。爱迪生闲来无事，对公司里的金价机很感兴趣，研究一番后，他觉得很多地方还可以继续改进，他在脑海中勾勒出蓝图。

到了第三天，这家公司里突然发生了一件大事，公司总厂的机器发生故障，报道金价的通信网络顷刻间陷入瘫痪。公司门口黑压压地挤满了人。华尔街上的各大交易所、商号收不到行情消息，乱作一团。公司领导接连不断地派人去打探消息，很快，公司门口已经被围得水泄不通。

洛斯得知消息，急得团团转。如果那台总机不能及时修复，造成的损失无法估量啊！

波普正围在那台机器前进行检修，可查了半天，也没有找到问题所在，急得满头大汗，旁边的洛斯更加着急。正在这时，站在一旁的爱迪生看出了门道，对机械了如指掌的他提示波普："这里面断了一根接触弹簧，卡在两个齿轮中间，阻挡了主机的运转。"洛斯惊讶地看着这个很不起眼的年轻人，简单分析后，他认为很有道理，马上命令爱迪生动手修复机器。

爱迪生娴熟地拆开机器，果然不出他所料，他很快找到了那根断了的弹簧。换上了新的发条，又把其他部位检修了一下。两个小时后，金价标示机立刻恢复了原有的功能，瘫痪的通信网迅速运转起来，在场的人们如释重负，情不自禁地向他鼓掌、致谢。

洛斯非常感谢爱迪生的帮忙，将他叫到办公室。爱迪生怯怯地站在洛斯豪华的办公室里，有些不知所措。洛斯温和地笑了，他请他坐下交谈。当他了解到爱迪生的状况后，主动提出给他每月300美元的薪水，协助波普负责技术工作。爱迪生似乎没有什么心理准备，感到非常意外，一度以为波普在开玩笑，有种受宠若惊的感觉！因为这在当时的美国已经属于高薪了。当他意识到这是真的后，心里非常兴奋。真是峰回路转，柳暗花明！就这样，他戏剧性地当上了总工程师，获得了来到纽约后的第一份工作。

爱迪生的聪明才智在这里得到了充分的发挥。第二年夏天，他不负众望，又改良了洛斯公司的金价标示机，使之足以抗衡对手公司——西方联合公司的先进设备，大大提高了洛斯公司的竞争力。

洛斯公司的发展无形中给西方联合公司造成了压力。在这种情形下，西方联合公司紧锣密鼓地计划研究怎样才能扭转局面，最后他们出资盘下了洛斯的公司。爱迪生再次成为西方联合公司的雇员。

公司易主后，要进行全面的整合，很多职员在这次风波中失业，仅存的少数员工也被降级减薪，唯独爱迪生例外，不但没有降职减薪，还可以享受特殊津贴。新任的公司总裁里费茨几次找他谈话，希望他可以为他所用，并许诺高薪。

可爱迪生志不在此，他需要的是更加宽广的天地，用自己脑海中积累的丰富知识描绘出更美的蓝图。尽管西方联合公司极力出高价挽留，爱迪生还是坚持自己的想法，要独自创办公司。

当爱迪生对波普以及另一位好友艾希利说明自己的想法时，三个志同道合的年轻人不谋而合。随即，三个人共同为这个新生的公司共同努力，积极筹备起来。

1869年10月1日，筹备工作已经全部完成。他们在专业杂志《报务业》上刊登了一幅大广告：波普—爱迪生电气工程公司，主要承办电信线工程，承制各种科学仪器设备，代客研究实验，提供技术资料等业务。地点在百老汇78号—80号48室。此时，富兰克林·波普不到30岁，而爱迪生只有22岁。

三个好朋友按照各自的特长分了工，各负其责：艾希利本是《报务业》的杂志编辑，擅长写作文案，负责公司的宣传业务。波普精通电气业务，在纽约熟门熟路，负责业务推广。爱迪生性格内向，智慧超人，就负责专门从事实验研究，搞发明创造。

创办伊始，资金紧缺是头等问题。为了节省开支，爱迪生借宿在波普在新泽西州伊丽莎白市的房子里，而他们租用的实验室却是在泽西市的一家诊所里。爱迪生每天早上晚上6点起床，7点钟乘车去纽约，在事务所工作到6点后再乘车去泽西的实验室，在实验室乘坐凌晨1点的火车出发，到他的临时住所基本上是凌晨2点左右。在那个寒冷漫长的冬天，衣着单薄的爱迪生在风雪中几乎被冻死过去。

爱迪生已经习惯了这样艰苦的日子，寒风朔雪熄灭不了他心中熊熊的理想之火。在他勤奋地努力下，他们的公司相继有两项发明获得了专利权，一项是金价印刷机，另一项是美国印刷机。爱迪生开心地看着这两架崭新的机器，仿佛是看着自己亲生的孩子一般。波普—爱迪生公司开始在纽约声名大震，生意蒸蒸日上。

曾经收购洛斯公司的西方联合公司的老板里费茨，又一次感到了威胁。此时，波普和爱迪生在纽约又设立了一家私人电报局，专门为商家提供私人通信。紧接着又设立了第二家专门为证券公司报告开盘金价的分号。里费茨再也坐不住了，决定在其羽翼尚未丰满时收购过来。第一次派人去，碰了一鼻子灰，爱迪生想也没想拒绝了他。为避免今后产生更大的损失，里费茨继续派出说客去说服爱迪生，可爱迪生还是不肯同意。里费茨穷追不舍，反复谈判了六个月，终于以15000美元的价格购得这台爱迪生设计的金价印刷机，三个好友各自分得5000美元。

爱迪生从来没想到过会赚这么多钱，可里费茨并未因为此事的成功而善罢甘休，他看中了爱迪生的才华，希望他可以为他所用，掌控在他的手里。因为他知道爱迪生的发明对于西方联合公司来说，是非常重要的。他主动为爱迪生提供实验资金，并且给他提供实验工厂和材料研究课题，按照他的意愿去研究发明新的机器。

爱迪生虽然具有超人的智慧，不过由于他将全部心思都用在发明创造上，并不懂得社会的复杂和人心的险恶。在里费茨的诱惑下，爱迪生从纽约来到了里费茨在纽瓦克的工厂，专门从事发明创造。很快，爱迪生就改进了金价标示机，并于1870年发明制造了“爱迪生普用印刷机”，他在里费茨的办公室向他展示了这个新发明，这种机器简单实用，里费茨非常喜欢。他迫切地希望可以得到这项发明的转让权，他说：“爱迪生，希望你可以把这项发明转让给我，我会给你所期望的价格。”爱迪生心想，或许5000美金，不然3000也可以吧。但是聪明的他没有说出口，而是试探性地说：“请您说个价钱吧！”

“你觉得4万怎么样？”这个价格着实让爱迪生吃惊不小，他感觉像在做梦一样。他都没有想到过这个专利会给西方联合公司带来什么样的利润。

两天后，他们正式签约，爱迪生拿到了那张巨额支票。

爱迪生虽然得到了这笔巨款，而他实际上已经成为被西方联合公司控制的发明家。随着年龄的增长及阅历的增加，他渐渐懂得了自己发明的价值，明白了里费茨付给他高薪高报酬，无非是为了通过占有他的发明，而获得更大的利润。爱迪生的心中开始萌生了新的想法。

Chapter3

THOMAS

第三章 我为发明狂

EDISON

1. 纽瓦克的辉煌

1870年，爱迪生利用里费茨支付的这笔巨款在新泽西州的纽瓦克市沃德街11-12号建造了一座工厂，专门制造电器机械。里费茨首先订购了1200台的“爱迪生万用印刷机”，其他公司也陆续送来了订单。爱迪生亲自与首次招聘的18名工人一起日夜奋战，激发了每一个人的积极性，使公司的生产效率大大提高。24岁的爱迪生成为了美国东部大型企业的组织者。此时的他，已经开始走向成熟，深谙经营之道，熟悉公司的会计工作，懂得如何识人用人。

爱迪生是个成功的管理者。他对于工作的巨大的热忱与兴趣影响着与他共同工作的员工们。他们也和爱迪生一样，热爱工作，对工作抱有极大的兴趣，完全没有时间观念。爱迪生关爱自己的员工，与他们感情融洽，让他们觉得在这里工作是一件非常愉快的事情。

随着订单的增加，他的工厂不断扩大，慢慢的职工已经增加到150多人。为了将公司规模继续扩大，爱迪生找了一名合伙人——威廉·昂格(William Unger)，他们还生产电动的钟表或其他机器。

爱迪生非常有管理才能，他不同于一般的老板，他把员工们当做兄弟姐妹来看待，使公司具有很强的凝聚力，他本人深受员工爱戴。每次当他和员工同心合力地做完一项重要工作，他都会拿出一部分钱来分给大家，或者带领大家一起出去聚餐，有时还组织大家娱乐或钓鱼。爱迪生凭借他优秀的人格魅力，聚集了众多的专业人才，如英国工程师查尔斯·巴切勒(Charles Batchelor)、瑞士钟表匠约翰·克罗西(John Kruesi)、德国技师西格蒙伯格曼(Bergman)，以及无所不通的约翰·奥特(John Autte)等，这些优秀的员工都愿意为他努力工作。

而且爱迪生经营有方，他超乎常人的心智令大家佩服得五体投地。无论遇到什么困难，他那聪明的头脑总能源源不断地想出各种解决问题的方法。每当完成一项发明，他就会从实验室的办公桌边站起来，兴奋得手舞足蹈跳一种非洲土著的原始舞蹈，嘴里大喊着："为什么不能够早点想到呢？"大家都开心地知道他又解决掉一个难题，或是又一个发明创造诞生了。然后，大家会自动聚集在他身边，按照他的意思去绘图，接下来就是把图纸变为现实。

还有，他干起活来总是身先士卒，有一次，爱迪生接到了一单大生意，制造一批价值3万元左右的通信机。他立即下了死命令："不完成这单任务，谁也别想出去一步！"然后他紧闭大门，带领员工连续奋战60个小时，终于攻克难关完成了任务。任务完成后，他给大家放假，并且说如果有人不满意的话可以不用回来跟着他。可员工们没有一个愿意离开他的，没有人埋怨爱迪生的苛刻，因为他自己付出的辛苦更多。

24岁的爱迪生还是和他的童年一样，蓬乱的头发，有神的蓝眼睛，丝毫不讲究衣着服饰，因为他把太多的精力都投入到了科学事业中，而无暇顾及这些。

在纽瓦克工厂的5年辉煌里，爱迪生声名鹊起，许多著名的发明家都来这里拜访过他。从不止步的他并不满足于此，他又在构想着建造一个大型的实验室。他写信向父亲求助，希望父亲可以帮他选址。可信件发出去没几天，他却收到了一封电报，如同晴天霹雳：母病危，速归。

爱迪生火速返回故里，看到白发苍苍的妈妈面容消瘦，闭目静卧床上。他轻轻呼唤着："妈妈，阿尔回来了，您看看我呀。"南希的眼角湿润，泪水纵横在消瘦的面颊。她吃力地睁开眼睛，颤颤地叫着："阿尔，阿尔，妈妈不能陪你了。你要好好照顾自己。"爱迪生早已泣不成声，泪如雨下。

1871年4月9日他亲爱的妈妈魂归天堂。爱迪生亲手把妈妈葬在湖畔的小山上，哀痛中他的脑海里不断闪现出一幕幕和妈妈在一起的画面，悲恸欲绝。在他心中，妈妈的伟大无人可比，没有妈妈的信赖和支持，他就不会有今天的成就。他知道妈妈对他的期望是什么，也只有加倍努力工作，坚定自己的步伐，拿出最好的发明，才是对妈妈最好的慰藉。

在他还没有完全走出痛失慈母的哀痛时，爱情出人意料地降临了。

1871年夏季的一天，爱迪生从自己的实验室匆匆出来，突然雷声隆隆下起了暴雨。他不得不折回屋里取了一把伞再度出门，一回头发现屋檐下有两名美丽的少女在避雨，她们焦急地向四周张望着，很显然她们因为暴雨而无法回家。热心的爱迪生赶忙把自己的伞借给她们，那两位少女说什么也不要，他把伞塞给她们，自己却转身冲进了雨幕中。两名少女很是感动。原来，她们是一对姐妹，其中年长一些的是姐姐玛丽·斯蒂尔韦尔(Mary Stillewll)，年龄小一点的是妹妹叫爱丽丝(Alice)。后来，在还伞的来往过程中爱迪生和姐姐玛丽，逐渐了解相恋，堕入爱河。他们相识后，玛丽格外地倾慕这个声名远播的发明家。爱迪生每天都要阅读大量的书籍，他都会把重要的部分用笔画上红线，细心的玛丽经常帮助爱迪生把画红线的内容，重新整理归类。爱迪生也很欣赏她的聪明和勤奋，而且两人有着共同的人生观和价值观。就这样，两人由爱恋转入热恋。

1871年12月25日是西方最隆重的节日——圣诞节，也是爱迪生大喜的日子。爱迪生与他心爱的姑娘玛丽携手走入了婚姻的殿堂。这天，纽瓦克的工厂里欢天喜地，大家都祝福着这对美满幸福的新人。婚礼仪式结束后，爱迪生突然想到什么，他悄悄对他美丽的新娘说："亲爱的，我需要去一趟实验室，一会儿就回来，好吗？"

"好吧。但是今天是圣诞节，你要早点回来。"深深理解和支持他工作的玛丽大方地同意了。

原来，这段时间爱迪生一直忙于自动发报机的研制，被其中一些问题困扰了很久。但是，在婚礼上，他突然灵感闪现，找到了解决问题的方法。想到必做到，他丢下新婚的妻子一个人来到实验室里，全神贯注地开始了他的实验。爱迪生一旦进入实验室，就完全沉浸在自己的世界里。无论外面发生什么事情都影响不了他。

时间一点一滴地过去，玛丽孤零零地在新房里守候。夜已经深了，还是没有爱迪生的身影。尽管玛丽理解支持他，但心中不免有些担心。她找来几个朋友，请求道："请你们帮我去看一下爱迪生，他说去一下实验室就回来，可到现在还没有消息，我实在太担心了。"朋友们一听，立刻去寻找。

当朋友们来到点着灯的实验室，爱迪生依然在聚精会神地做着实验。朋友们提醒他今天是他大喜的日子，他才恍然大悟般地抬起头。

圣诞钟声已经响起，爱迪生飞奔到家，抱歉地拥抱亲吻着善良宽容的新娘。他感谢上帝，在他失去慈母的痛苦时刻，为他送来一位善良可爱的天使。

爱迪生婚后的生活十分甜蜜，曾携带他的新婚妻子玛丽去纽约州和加拿大交界处参观著名的世界奇景尼亚加拉大瀑布，并在那里度了蜜月。玛丽既是他生活中的伴侣，又是他事业上的得力助手。她在生活上照顾他的饮食起居，独自承担了家庭的全部重担，让爱迪生把全部的精力投入到他喜爱的科学研究事业中。

在纽瓦克的工厂中，爱迪生应纽约自动电报公司的邀请，着手研发自动电报机。由于近代电报的发展始于1790年法国人佳普发明的视力信号机，然后经历了静电电报、电化学电报和电磁电报等三个有线电报的过程，它们各有利弊，仍然存在着许多有待完善之处。

爱迪生正在研究的这台自动发报机是亚历山大贝恩在20多年前发明的，这种机器每分钟可以发送400多个单词，在使用期间，尽管有很多电报爱好者对其进行过改进，但是仍然存在一个致命的弱点，就是会有不同的信号在长线路里被混淆，严重影响接收的准确性。电报公司希望爱迪生可以改进它，并愿意提供4万美元的赞助经费。爱迪生针对这个缺陷开始研究，并阅读了大量的文献资料，而且委托分散于纽约、伦敦、巴黎等地的朋友为他买来专业的书籍，在6个星期内他读完了5英尺高的书籍，做了2000多次实验。在此期间，爱迪生一直没有回家，累了就在椅子上打个盹。他的妻子玛丽每天都要来这里给他送饭，妻子的体贴让爱迪生很是感动。

最后，爱迪生终于成功地改进了长途电报的功能，排除了长途电报的障碍，使纽约到费城的通电报字数提升到每分钟1000字左右，纽约到华盛顿的通电报字数提升到每分钟3500字左右。同时，他还发明了两种发报方法：一种是“异向二重报”，另一种是“同向二重报”。

电报机在爱迪生手里就像是匹被驯服的烈马，温顺地听从主人的吩咐。1872年，爱迪生共取得了38项发明权，到了1873年又增加了25项。这期间，爱迪生曾带着改进后的发报机出访英国，但由于那里的实验条件不够好导致效果不佳，爱迪生对此次出访感到很是失败。

回到美国的爱迪生一心想设计出一架可以取代莫尔斯的电报机。在一次偶然迸发的灵感中，他用一小块由小电机旋转的白垩代替磁线，白垩上有一根指针与音响机相连，获得了巨大的成功。由于是西方联合公司提供的实验经费，他们的总裁威廉·奥顿因此而获得了此项发明的专用权。他愿意付给爱迪生10

万美元的报酬，但是要17年付清，理由是爱迪生一旦得到巨款，就会一下子花光。之后，在西方联合公司的支持下，爱迪生继续深入研究四路通系统电报机。他放下所有的事情，专心地投入到这项实验中。在此期间，爱迪生找到了平衡电流的方法，而西方联合公司却在这时不再提供实验资金，实验因爱迪生的资金捉襟见肘而陷入了停顿状态。爱迪生无奈地向纽约自动电报公司请求帮助，纽约自动电报公司对此很感兴趣，愿意为爱迪生提供资金来完成这项课题的研究。

1874年12月28日，声名不佳的商人古尔德以3万美金的价格购得了这项发明的使用权。而古尔德因此项发明省却了价值1080万美元的21.6英里长的线路以及每年86.4万美元的检修费用。

爱迪生发明的四重发报法，是继莫尔斯之后在电报史上最杰出的贡献。

在纽瓦克的辉煌时代，爱迪生还成功地改良了打字机。经过改良的打字机使用起来非常便捷，成为办公生活中的实用品并成就了后来的名牌——雷明顿打字机。经过推广后，人们很乐于接受这种使工作生活更加便捷机器，直到这种机器遍布到世界各地。

在打字机的改良完成后，他又相继研制出“火灾报警器”、“石蜡纸”、“自动电气笔”等，他的发明源源不断，他的脑袋似乎就是一台神奇的机器，让人们惊奇不已。

此刻的爱迪生发觉自己已经局限于电报这个世界，他要打破这个局限。转而开始对电话产生了浓厚的兴趣。他的发明越来越多，狭小的实验室已经满足不了他的需要。他决定另外选址，建造一个大型的实验基地。他把这个选址的任务交给了曾经做过木材商的老爸——塞缪尔。

受儿子重托的塞缪尔仔细分析了作为实验基地的各种需要，最后选定了位于门罗公园里的一个山坡。

2. 门罗公园里的“发明工厂”

1876年的春天，冰雪消融，万物复苏。距纽约城西南25英里左右的门罗公园，幽雅安静，景色如画，交通也非常便利，的确是建厂首选的宝地。温暖的阳光照耀着刚刚泛青的山坡，塞缪尔带着一群建筑工人来到这里，爱迪生梦想中的“门罗研究所”破土动工了。还是在纽瓦克的时候，爱迪生就已经开始酝酿筹备这个研究所，他希望这个研究所能够有个幽雅的环境，以避免琐事对科研人员工作的干扰，而且，他更愿意为他的员工提供一个舒适良好的工作和生活环境。

整个研究所是一幢长方形的二层教堂式的建筑，掩映在绿树之中。这幢楼房100英尺长，30英尺宽，门前有门廊，四周有一圈白色的栅栏，构思很有创意，独具风格。一楼是爱迪生的书房卧室办公室，二楼是实验室和车间。宽阔的庭院里面，有修剪整齐的草坪，有巨大的风车和马棚，是为了方便孩子们嬉戏玩耍的。在老父亲的亲自督造下，研究所很快就竣工了。

到了夏季来临的时候，爱迪生带领纽瓦克的精英们一起迁移到了这个新家——门罗研究所。他又投资了4万美元为实验室修复了大量的设备，并扩建了一个图书馆。门罗研究所是美国科技史上第一家有组织的工业科学研究机构，标志着集体研究的开端。他网罗了众多足智多谋的科学天才，如在纽瓦克就一直追随他的查尔斯·巴切勒、约翰·克鲁西、约翰·沃特等精英人才，又加上后来的数学家弗兰西斯厄普顿和玻璃吹制工路·德维格贝姆等能工巧匠。然后把他们组织在一起，顽强地去追求理想的目标。

爱迪生更注重科学研究的实用性，他明确结束了理论科学家和实用科学家的区别，使科学研究的成果更广泛地应用到人类生活的需要中。他用严密的科学知识代替了工业上凭借老经验的方法，在老经验的基础上使之更加合理精准。

内战后的美国，社会经济亟待复苏，资本主义从自由竞争走向垄断，科学研究还是少数发明家和科学家自由活动的领域。而由于电力工业的异军突起，给科学研究提出了更加复杂的课题，使散兵游勇式的单体科学家难以适应。爱迪生所创建的门罗研究所适应时代的需求，成为美国第一家有组织的工业科学研究机构。

门罗研究所与其他研究机构的区别在于人尽其才。爱迪生身边的人并不多，但都是各个领域的强将精兵。瑞士人约翰·克鲁西是个绘图高手，无论爱迪生的手稿有多么潦草，他都能了然于胸，绘制成精确的机械图；而美国的机械专家约翰·沃特，可以将一堆散乱的机械零件迅速拼装好；还有个不懂英语的德国人，虽然沟通不畅，可爱迪生一点也不在乎，因为他出色的工作表现已经胜过语言。最重要的一点，这个集体具有很强的活力和热情，他们这些年轻人和爱迪生一样具有相同的爱好，积极进取，而爱迪生的能力和热情也感染着他们，使这里的氛围充满激情和活力。

爱迪生是这里的核心主导，是大家进行科学研究的主要动力，每当他有一个发明主题出现，就会组织大家一起攻关，分工协作，然后进行各种技术的配合。

爱迪生性格乐观自信，从不因失败而气馁。他为了一个项目的成功，可以进行上千次的实验，不断地更换方法，直到成功。爱迪生在考虑研究主题时，总喜欢以个人兴趣为出发点，如果他对此感到乏味了，或者研究处于停滞状态，他会马上转向另一方面。所以，他总是同时考虑着七八种设计，不知何时，他的灵感突现，他会马上拿起处于搁置状态的发明方案，继续研究。

他的工作方法也很有特点，不同寻常。在处理化学问题时，他使用植物学家路德·伯班克的优选法；处理机械问题时，又依靠他缜密的逻辑思维。他的工作生活完全没有规律，只要灵感显现，随时会起来工作。他只是在感觉到疲累时，才会躺下睡一会儿。爱迪生会随身携带笔记本，以便及时记录他新奇的灵感。他的一生一共做了3400本珍贵的笔记。

研究所成立后，很多具有实用性的产品从这里源源不断地发明出来。

这里生产的第一项发明就是“电笔”。三个月后，他获得专利登记并开始大量制造。1877年，又有3种专利问世：穿孔笔，气动电笔和普通电笔。这些笔是油印机和复印机的前身。

随着社会的进步，人们的交往增多，电报这种通信方式愈发显得落后起来，人们需要一种简便快捷的通信工具，德国物理学家莱斯曾经对此有过一定的研究。在1861年以前，他设计了一部能够传送音乐的电话，但是因为声音很轻，又会遇到失真干扰等问题的困扰，所以没能得到推广。后来美国人贝尔和格雷分别潜心研究这项技术，同时，爱迪生也在做着通过线路可以传送人的声音的实验。

1876年2月14日，贝尔正式向美国国家专利局申请电话的登记许可，而格雷只比贝尔申请的时间迟了两个小时。

贝尔开始广泛地推广电话的使用，但他发明的电话由于通话音量小，只能适宜短距离通话，看起来更像是玩具，缺乏广泛应用的价值。尽管如此，贝尔依然在努力，并成立了贝尔电话公司，这立刻让同在纽约的西方联合公司立刻感觉到了不安，他们担心电话推广后会直接导致电信的衰退。当时的威廉·奥顿董事长马上想到了擅长发明的爱迪生，或许他能给自己的企业一线生机。为此，他专程来到门罗公园拜访爱迪生。他对爱迪生坦诚相告，说明了贝尔公司对自己的公司已经造成威胁，恳切地希望爱迪生可以与西方联合公司合作，对电话进行研究改良。

爱迪生经过深思熟虑后，答应了威廉·奥顿的请求。他说明了自己并不是为与贝尔竞争，而是自己一直致力于能够制造出对于人们比较实用的产品。

门罗公园里马上开始了这个重要的研究课题——改良电话。爱迪生又全身心地投入到了一个全新的领域之中，他没有经验，更没有书本上的知识可以借鉴，他凭借着自己的知识和经验积累去想象着各种可能。

他首先探索改良电话的材料，试用了很多种材料都不理想。突然有一次他想起来在实验四重发报机时，发现的平衡电流法。几天后，爱迪生就开始实验他发明的半导体电器。尽管传送的声音还不够清晰，但是音量已经合乎要求。爱迪生继续努力改进着，他放弃了固体，选用纤维质的材料，这次的效果不错，可还是不及贝尔电话传送的声音清晰。爱迪生的电话在不断地改进，奥顿非常关注电话实验的进展，他邀请爱迪生来到纽约签约，规定西方联合公司有权采用他的一切发明，在5年内每周付给他150美金。签约后，爱迪生呈报了独立传话机的专利申请。

很多人还都记得爱迪生在门罗公园里实验传话机的神奇场景。当时，费城正在开着电话音乐会，乐曲是从纽约发出去的，而爱迪生从两个城市之间的通信线路上接出来一根线，在门罗公园的众人都清晰地听到了来自纽约的美妙音乐。

1877年4月，爱迪生申报了碳阻电话送话器的专利，这种电话发音清晰，送话音量也比电磁原理电话的音量放大数倍，送话质量更优越于贝尔的电话。爱迪生把电话的通话距离从几英里一下子提升到数百英里，他为电话的普及和发展所做出的贡献已经超过了贝尔。有人说："电话的发明无疑应该归功于贝尔，然而没有爱迪生革命性的基础改良，它在世界范围内的应用就要缓慢得多。”

奥顿希望爱迪生可以出让这个专利技术，爱迪生心中期望的费用是2.5万美元。然而，他完全低估了这部电话机的实用价值，奥顿在他的瞠目结舌中答应付给他10万美金，可不知道爱迪生当时是怎么想的，居然要求奥顿分16年付清。也许是他担心自己拿到如此巨款，会一下子花光，甚至都投入到无限的实验中去。所以，他希望奥顿可以替他管理钱财。这次，不善理财的爱迪生作了一个错误的决定，失去了10万美金所获得的高额利益作用。

当奥顿获得了爱迪生的碳阻送话器后，凭借先进的技术，投资30万美元成立了美国电话公司，对贝尔的公司形成了巨大的威胁。碳阻电话在应用中受到广泛的好评，并促使贝尔的客户大大减少，纷纷投向奥顿的美国电话公司。贝尔的几名得力干将见到贝尔的大势已去，纷纷背叛离去，这使贝尔大为恼火，从此也和爱迪生结下了怨恨。

1878年的秋天，爱迪生的碳阻送话器被送到英国展示和实验，效果非常成功，并在英国皇家学院进行了演示。实验时，一端是爱迪生的碳阻送话器，而另一端是贝尔的电磁受话器。这使贝尔大为恼火，警告爱迪生今后如果使用他的受话器将会追究他的侵权行为。受到警告的爱迪生，立即想到要设计出自己的受话器，于是，他停下了正在进行中的白炽灯的实验，调集全体研究人员投入到受话器的技术攻关中。

不到三个月的时间，新型的、声音更大的受话器在门罗公园诞生了。1879年3月，由爱迪生的侄子查尔斯带着新型的受话器来到英国皇家学会表演。这次所演示的设备完全是由爱迪生团队独立创造发明的，而且效果很好，这让贝尔无话可说。尽管爱迪生发明的这种受话器还有很多的缺点，但还是比原来的话机有着很大的进步，在美国科学促进会上演示后，爱迪生再次获得了良好的声誉。

1879年8月30日，爱迪生与贝尔之间的矛盾发展到了白热化程度。当他们同时出现在萨拉托加西的市政厅内，他们分别演示了自己的电话设备，爱迪生的设备已经回避了贝尔系统所采用的设计方法，声音清晰洪亮，压倒了一切。讲台上的爱迪生虽然穿着朴素，但却神采奕奕，他说话略有迟钝，却句句在理。毋庸置疑，此次比赛爱迪生已经占了上风，可心高气傲的贝尔岂能就此善罢甘休？

这场纷争的战火从美国燃到了英国。在伦敦，古劳德上校成立了爱迪生电话公司分公司，与贝尔的公司开始争夺英国的市场。两家公司水火不容各自展开宣传攻势，工人们把电线拉满了屋顶，并且互相制造故障，只要双方人马遭遇到一起，就会发生一场混战。紧接着，爱德华特·约翰逊也被派到伦敦，建立一座交换台。当时的英国人对新生事物很难接受，市场难以打开，古劳德上校坚持不懈地推广宣传，终于让电话尽可能多地进入到英国家庭中。

爱迪生与贝尔的争斗终止于英国政府出台的一份对电报电话的新规定，规定了英国的私人电话公司必须向英国政府申请许可，才可以进行营业活动。面对英国政府的规定，两个公司都不愿意去申请许可，所以本来敌对的公司戏剧性地握手言和，联手成立了联合电话公司，并向英国政府申请了30年的营业许可，爱迪生从中得到了3万英镑。至此，这场持续了三年的纷争终于结束了。

随着电话的推广，它的结构和性能也在不断地改进，同时也推动了电话线路的建设和电话交换装置的发展。

3. 神奇的留声机

爱迪生是个喜欢把理论科学实用化的科学家，他从对电信机械的好奇开始，直到完成电话的改良发明，他会选择自己感兴趣的学科进行研究，并不断地改进、更新使之更加实用，他为改善人们的生活质量起到了无法估量的作用。

早在1839年8月，神奇的摄影术诞生，各种各样的图像可以清晰地被记录下来。这使不少富有想象力的科学家产生了丰富的联想：既然影像可以被真实地记录下来，为什么声音不能呢？同样极富想象力的爱迪生也想到了这个问题。

爱迪生在实验电话的时候，就发现传话器里面的膜板，会随着说话声音引起振动，好奇的爱迪生想知道这种振动的幅度到底有多大，但是由于少年时期的那场变故，使他患有严重的耳疾，听力受到了很大的损害。他只能想办法用触觉来感知这种振动的幅度。

他用一根短针，一头连接在膜板上，一头用手指轻轻触碰着。当他对着膜板说话，他惊奇地感觉到那短针在颤动，讲话的声音越大，颤动的幅度也随之增大。声音小，颤动的幅度也随之减小。爱迪生兴奋地又实验了几次，得出结果如出一辙。他凝视着这个小小的指针，想：既然说话的声音可以使指针颤动，那么，反过来，颤动的指针也应该可以还原出原来发出的声音。他眼睛一亮，这不是声音的重发问题吗？在他研究电报的时候，就萌生出个想法，梦想着能有一台灵巧的机器，可以把人们的声音记录下来，当大家需要时就可以原音回放。这个想法就像一颗种子埋在心里，如今遇到了合适的时机和条件就破土而出了。

1877年的这个夏季，爱迪生一边改良电报记录机，一边研究着白炽灯，同时他还念念不忘这个会说话的机器。在他的记录本上曾经写着这样一段话：1877年7月18日，我用一块有尖端突起的膜板，对准急速旋转的蜡纸，话音的震动便非常清晰地刻录在蜡纸上。实验证明，要将人的声音予以储存，以供日后需要时能够自动放出来，将声音复原，是完全可能做到的。

也就是从这天起，爱迪生对这个项目开始给予了极大的关注，他实验室的记录簿上写满了关于刻录声音的各种实验以及结果。

1877年11月29日，爱迪生早早地来到了实验室，他先在签到簿上签下自己的名字，然后立刻投入到工作中。实验室的科研人员与往常一样陆续来到实验室，大家互相问候后，各就各位地投入到自己的紧张工作中。

没多久，爱迪生叫约翰·克鲁西来到办公室。他笑呵呵地拿出一张潦草的机械草图递给克鲁西。克鲁西不明就里地看着这张凌乱的图纸，那上面是一台看起来怪怪的机器，但他和其他人一样，早已经习惯了爱迪生经常冒出来的怪异想法。他知道他需要做的，就是把这张图纸变为现实。

克鲁西仔细审视着这张草图，没有磁铁，没有线圈，似乎和电没有什么关联。它的组成是这样的：一个刻着螺旋槽的金属圆筒，安装在一个顶端有金属摇柄的长轴上，滚筒在轴上可以作平行移动，滚筒两端装有振膜，振膜各探出一支针可以接触到滚筒的螺旋槽。

克鲁西忍不住好奇，问道："先生，这到底是什么机械呢？"

爱迪生故作神秘地对他说："这是一台会说话的机器，请马上按图做出来吧。"

"会说话的机器？"正当克鲁西惊讶万分的时候，负责车间工作的卡门也进来了，他和克鲁西一样，说什么都不肯相信这个怪怪的玩意儿会讲话。他情愿用一包高级雪茄烟做赌注。克鲁西也跟着说，他愿意赌2元钱。爱迪生无奈地看着两个同伴，说："好吧，如果它不会说话，我情愿输掉雪茄和苹果。"

尽管克鲁西还不能理解这台机器的工作原理，但他有能力按照图示做成这个机器。他首先找来合适的材料，做成各种精密部件，再按照图样，一点一点地把那些零件细心拼装起来。成型后，他又认真地与草图对照一遍，自己感觉满意后，交给了爱迪生。

爱迪生显然有些着急了，他看到这台机器时眉宇间闪现出一丝惊喜，仔仔细细地打量一番后，感觉非常满意。实验室里，早已挤满了好奇的人群。

验证奇迹的时刻到来了，爱迪生让克鲁西拿来一张薄薄的锡箔，包在刻有螺旋槽的金属圆筒上，把振膜的针调好，然后胸有成竹地摇动曲柄，金属筒也跟着转动起来。只见爱迪生一边转动曲柄，一边对着振膜轻轻地唱道："玛丽有只小羊羔，浑身如雪一身毛，不管玛丽往哪去，它总跟在后面跑……"唱罢，他停止摇动，把圆筒转回原位，然后把另一个振膜上的指针对准振膜。经过仔细检查后，他再次摇动手柄。随着圆筒的转动，奇迹真的出现了！那神奇的圆筒里居然传来了微弱的声音，但那绝对是爱迪生的声音！"玛丽有只小羊羔……"

再看实验室里看热闹的人们，个个瞠目结舌，克鲁西和卡门更是呆若木鸡。

"天哪！这玩意真的会说话……"克鲁西呆了半天后蹦出来一句话。

"呵呵，我也很惊奇，这玩意还有很多地方需要改进，但它一定是可行的，我们一起来研究吧。"爱迪生笑着对大家说。

为了改进这个会说话的机器，爱迪生和几个助手一起连续奋战了几个昼夜，不断地改进、灌音、实验。随着实验记录一次次增加，缺点也一个个减少，声音的质量也逐步提高。

直到12月6日这天夜里，爱迪生心满意足地正式宣布留声机诞生了。此刻，门罗公园的研究所里欢声雷动。虽然爱迪生这些年间已经有很多发明创造，但在这之前的创造都是改良别人的发明而使之实用化，唯独这个留声机是他独立创造的，如同自己的亲生孩子一般，被他格外看重。

第二天一早，爱迪生要动身去纽约展示自己的最新成果。他可爱的大女儿杜蒂和小儿子达西欢蹦乱跳地围在他身边，爱迪生慈爱地抱着儿子，拉着女儿，身后跟着聪慧美丽的妻子玛丽。要出发了，爱迪生吻别心爱的妻子儿女，踏上了奔赴纽约的路程。

爱迪生乘坐头班火车抵达纽约，带着他的新发明走进了《科学的美国人》杂志的编辑部。编辑部主编比奇是爱迪生的老朋友，好友重逢，当然很高兴。热情招呼之后，比奇看到爱迪生携带的纸板箱，就明白了他的来意。

“是不是又有什么新发明啦？”比奇猜得八九不离十。

“哈哈，还是老朋友了解我。”说着，爱迪生从纸箱里拿出一个怪异的机器，小心翼翼地放在桌上，转动一个曲柄，只见那个圆筒慢悠悠地转动起来，发出沙沙的声响，一会儿，它竟然神奇地讲起话来：“早上好，亲爱的先生！您对本留声机有什么意见吗？若是您觉得有什么不够满意的地方，务必请您提出，以便我们改进。”然后，留声机还表演了许多精湛的节目，唱歌、口哨、咳嗽、喷嚏……一传十，十传百，不一会儿，比奇的办公室已经挤满了看热闹的人群。而且，消息灵通的各报记者闻风而动，迅速拥向《科学的美国人》杂志社。霎时间，小小的杂志社编辑部被围得水泄不通。比奇担心这古老的建筑承受不起重荷，悄悄地嘱咐爱迪生停止表演。

第二天，《科学的美国人》杂志特意刊载了一篇题为：当代最伟大的发明——会说话的机器！这篇报道一经刊出，消息顷刻间传遍全国。爱迪生的发明已经被人们传得神乎其神，甚至被描述成具有神力的东西。在人们眼里，他就是“门罗公园的魔法师”。从此，前来门罗公园参观的人络绎不绝。铁路公司为此重排行车时间表，加开通往门罗公园的列车，许多商贩也看到了无限的商机，在此设立分销地点。曾经安宁僻静的清幽之地，如今成了车水马龙的繁华闹市。

前来参观的人群中不仅有普通百姓，还有牧师、科学家们，不管面对谁，爱迪生都不厌其烦地讲解留声机的原理，一遍遍地演示留声机的操作。

1877年12月24日，爱迪生在华盛顿正式向美国专利局提出申请，翌年2月19日获得通过登记。

在公众眼里爱迪生被描绘成神秘的魔法师，更有好事的漫画家把他画成身穿黑色长袍，头戴锥帽，在一堆瓶瓶罐罐中调配产生奇迹的药水，分明是一个玩弄法术的术士。被神化了的爱迪生依然穿着半旧的衣服，凌乱着头发，在生活中并未因此而改变什么。当然，反对的声音也不绝于耳。有人说爱迪生是在抄袭，是个骗子，对于这些异样的声音，爱迪生我行我素，一笑了之。

1878年1月，消息已经传到了英国，在一些皇室贵族中引为奇谈，英国邮政总局电力顾问普利斯专程派人去门罗公园，搞来一台留声机的模型，英国皇家协会专门举办了展览会。消息又传到了法国，刚好赶上巴黎世界博览会准备开幕，主办方火速派人去门罗公园请来了这台神秘的机器，并颁发了一笔奖金，还授予爱迪生一个爵士的头衔。

1878年4月18日，爱迪生在助手巴切勒的陪同下到华盛顿国家科学院作演示。临行前玛丽特意为他换上一身格子的新西装。一下车，他们就受到了当地记者、学者、社会名流的热烈欢迎。羞涩腼腆的爱迪生有些不知所措，任由人家的安排。刚在威拉德家里用过早餐，又去了史密斯生研究院长约瑟夫·亨利家里演示，接着被政要布莱恩的侄女汉米尔顿小姐请到家中，被一些国会议员和外交使团的人围得团团转，让爱迪生表演如何操作。当他们听到从那神奇的玩意中传出来动听的歌谣时，有些人将信将疑，强烈要求亲自实验，爱迪生答应了他们的请求。于是，有的人对着留声机念着拗口的政治术语，有的说起了顺口溜，还有的唱歌和快速地说外语，可这些无一例外地被留声机清晰地播放出来，所有的人都信服了。大家纷纷向爱迪生表示祝贺和钦佩，称赞这个发明是一个伟大的、划时代的发明。大家一遍一遍地要求爱迪生演示，这让他简直无法脱身。直到汉米尔顿小姐为他解围说海斯总统也要请他去白宫演示。

直到傍晚，爱迪生才抵达美国科学院。随着爱迪生出现在美国科学院大礼堂的讲台上，台下爆发出经久不息的掌声。爱迪生作完精彩的学术报告后，那令人激动的环节开始了。当爱迪生的助手轻轻摇动着手柄，有声音传出来："今天本留声机在美国科学院与您见面，深感荣幸。”然后有唱歌、朗诵、口哨、咳嗽等表演，引得在场的人们一阵阵惊呼。

会后爱迪生又被接到汉米尔顿小姐的寓所，为众人表演。直到深夜11点，爱迪生接到通知，说海斯总统要召见他。他马上启程到白宫，为总统表演了两个钟头，总统表示很满意。总统夫人露西也闻讯下楼，还带着几名女客。爱迪生就这样被众人包围着直到凌晨3点。

回到门罗公园的爱迪生如释重负，声名大振的他在工作上丝毫没有懈怠，他依然朴素，依然平和，依然埋头研究着他的发明创造。经过不断改良后的留声机已经去掉了圆筒和曲柄，他用时钟的构件来转动一个圆盘，圆盘是用一种蜡制成，可以直接录音。

有个持反对意见的牧师不相信这玩意儿可以发声，甚至怀疑里面有鬼。爱迪生亲自写信邀请他来到门罗公园，为他讲解和演示，并灌制了他本人的声音，再回放出来。终于使这个牧师心服口服，满脸笑容地离去。

还有一次，爱迪生突然童心未泯地想把女儿的哭声灌制到唱盘中，等她长大时再回放给她，作为成长的记录。为了记录到女儿的哭声，他故意吓孩子，结果被妻子玛丽骂了一顿。后来女儿来到实验室，听到这里的噪音真的哭了，爱迪生马上通知助手开始灌音，终于完成了他这个心愿。

改进后的留声机发声质量越来越好，有个助手羡慕地称赞：“这东西实在是太完美了！”

“还不能这么说，”爱迪生意味深长地说，“它还是初生的婴儿，我要指望它能长大，能给我养老送终呢。”追求完美的爱迪生说到做到，他对留声机的要求越来越高，直到他81岁高龄，依然孜孜不倦地追求唱片的改进。

1878年6月，爱迪生总结了留声机的10条实用的用处：

无需速记员帮助，进行各种听写工作；

作为课本，辅导盲人学习；

练习发声朗诵和演讲；

音乐欣赏；

制成会哭会笑的玩具，送给小朋友；

家庭录音，录制孩子说话，以及临危者的遗言；

作为报时用，提醒开会；

名人谈话，永久保留；

教学辅导，记录老师上课内容；

作为电话附件，作为永久性的保存。

4. 星星的誓言

留声机的诞生，让门罗公园的爱迪生声名远扬。他每天要接待大批前来参观的人们，还要一封封阅读邮箱里塞得满满的邮件。从不知疲倦的爱迪生此刻有些坚持不住，显得有些疲惫不堪，精力和身体也大不如前。

这一切，都被细心的玛丽看在眼里。她心疼地劝慰爱迪生，休息一段时间或者去旅行，缓解下压力。刚好此时他收到乔治·派克教授发给他的邀请，去美国西部的洛杉矶观看将于1878年7月28日发生的日全食。爱迪生听从了妻子的劝导，欣然前往。

爱迪生乘坐伊古尔德联合太平洋铁路的车辆抵达了雄伟壮观的洛杉矶山脉。与他同行的还有来自宾夕法尼亚大学、普林斯顿大学、哥伦比亚大学的天文学家们。

虽然此行的目的是休假旅行，可爱迪生怎能放弃这样一个千载难逢的好时机？他携带了他发明的气温计，想借此机会来测量太阳周围气体的温度。

抵达目的地后，爱迪生突然发现他现在面临的问题是没有合适的测试位置，因为最佳的测试位置早已经被来自各地众多的天文学家占据。无奈地爱迪生只好租了一个农家的鸡棚来充当他的实验室。

日食开始前的一个晚上，他就调整好他测试的仪器。可谁知道，第二天一早，刮起了大风。强风把那破旧不堪的鸡棚吹得摇摇欲倒，爱迪生不得不重新调整他的仪器。

大约下午2点钟的时候，日食开始了。月亮缓缓地移动，一点点地遮住太阳。3点钟的时候，天已经全都黑下来。大风把仪器刮得不断地摇晃，爱迪生努力地调整，在最后一刻，他终于成功了。

观看日日食后，他又接受了派克教授的建议，来到了加利福尼亚州的著名景区——美丽的约塞密提大溪谷。

夜晚，他们在溪谷边露营。望着幽蓝的苍穹中熠熠闪烁的繁星，他想起了亲爱的妈妈，想起了在休伦港的夏夜，想起了小时候受到的屈辱和他立下的誓言。他发誓他会实现妈妈的理想，成为一个对世界有用的人。妈妈就是他在暗夜中的明灯，是天上指引他方向的星星。

在这里，他看到了很多矿工辛苦地用十字镐采矿。他不禁望着远处美丽恢弘的大瀑布神思遐想：如果能利用那个大瀑布来发电，帮助工人采矿，工人们就不必如此辛劳了。

派克教授知道了他的想法后，非常赞同。他说，如果有人能够利用电气为人类造福，一定会是人类的恩人。

派克教授的这个说法激励了爱迪生——这个本来就愿意为了改善人类生活而奋斗的科学家。爱迪生暗暗记住了派克教授的这番话。他想，如果全美国的瀑布都可以用来水力发电，那么电力不仅仅会供应工厂，还可以输送到千家万户用来照明取暖以及炊事，人们就不必用那昏暗有气味的煤气灯了。他再也无暇流连于眼前这些美景美色，专门和派克教授探讨起电气如何为人类所利用、为人类造福的问题。当派克教授告诉他，康涅狄克州的华莱士正在做着关于电灯实验的时候，爱迪生决定立即返程。

8月，爱迪生回到了门罗公园，他经过此次旅行“充电”，果然精力充沛。一回到家，两个可爱的孩子便围绕在他身边。爱迪生很喜欢孩子们，他给他们讲述着旅途中的奇闻异事。他讲述他们在满天繁星的星空下露营，讲他们与溪谷中无数的飞鸟共舞，当他讲起他和同伴在森林中遭遇了大黑熊时，还故作神秘，猛地一跳，把两个年幼的孩子吓得哇哇大哭。听到孩子哭声的玛丽赶忙跑进屋来，嗔怪地呵斥了他。爱迪生像个做错事的孩子一样做个鬼脸就走开了。

回到实验室里，爱迪生马上进入到工作状态，他心里一直在想着怎样利用电气来发光。其实，早在纽瓦克的时候他就想过这个问题。来到门罗公园以后，他也做过关于白炽灯、弧光灯的实验，还对电烛做过一定的研究。他认为白炽灯亮度适宜，成本又不大，是他需要研究的方向，白炽灯的玻璃罩好做，但是里面一小截耐热的东西太难找了，碳、石墨、铂金等材料，都不合适，因为它们最终都会被熔化。再加上当时爱迪生把全部身心都投入到留声机的研究中，所以白炽灯的实验暂时搁浅。

1878年9月初，爱迪生带着助手巴切勒拜访了华莱士。华莱士向他展示了自己发明的发电机组，并点燃了8盏500支光的弧光灯。兴奋的爱迪生跑来跑去地忙着计算各种数据，最后他给华莱士提出了中肯的意见，他认为华莱士研究电灯的方向是错误的，而且他第一次提出电流分路的理论。这个理论的提出，让几个科学家惊诧不已，派克和华莱士都不相信爱迪生的话，甚至巴切勒也怀疑地看着爱迪生。华莱士有些不服气地问："难道你有了电力照明的发明吗？也让我们大家开开眼界？"爱迪生不甘示弱地说："很抱歉，目前我无法与您辉煌的成绩相比，但是我相信在今后电力照明的战场上，我是不会输给你的。"

回到门罗公园，爱迪生充满信心地向大家确定了今后工作的主要目标，就是开发电力照明。而电力照明首先遇到的难题就是电流分路。为了解决这个问题，爱迪生要借鉴煤气工程的宝贵经验，他买下了煤气工程学会的所有对外交易的文件以及历年的煤气杂志。他研究煤气工程的操作程序，计算了煤转化成煤气的费用，与烧煤发电的成本进行比较，获得了权威数据。他观察了纽约的煤气输送线路，再一次确定了电流可以分路，电灯是可以商业化的。

他理想中的电灯要具备煤气灯的简单便利，适合于一切室内外的环境，其性能还要优于煤气灯，比如无声、无臭、无烟，不会影响到人们的健康。他大胆设想把电流分路，再引入室内点亮电灯，这在当时的电学家的眼里是绝不可能实现的。

想到必做到。爱迪生要用行动去验证他的设想是可行的。他搜集了历年来电学家们对电灯的研究成果，从19世纪初英国化学家汉弗莱·戴维（Humphry Davy）发明的弧光灯，到1873年俄国亚·尼·罗德金发明的白炽灯以及俄国人雅布洛奇科夫(Jablochkoff)发明的“电烛”。分析之下，这几种灯虽然具备了电力照明的雏形，但是不具备广泛推广的实际意义。

从1878年的9月开始，爱迪生把门罗公园变成了研究电灯的战场。他是总指挥，选定了7个具有丰富电学经验的人当助手。他试图找到做灯丝最合适的材料，并设计成最佳形状。他认为碳是最物美价廉、熔点又高的理想材料，又对碳重新开始研究。他用各种材料制作成50多种碳化纸，甚至使用过玉米芯和各种纤维来做实验，但是这些物质都因为太过脆弱而以失败告终。

当他失败多次后，拿着那截断裂的碳丝，对助手巴切勒摇摇头说："还是不行，一烧就断，这些物质实在是太脆弱了。"他无奈地放下手中的玻璃泡，突然他想起，如果玻璃泡中没有助燃的氧气会是怎样的呢？他兴奋地几乎跳起来，大声叫着巴切勒。巴切勒赶忙取来手制的抽气机，小心翼翼地在玻璃泡里装入碳丝，再将里面的空气抽掉，费了九牛二虎之力，总算装上了。可是，这个灯泡也不过在八分钟之后就灭掉了。巴切勒轻叹一口气，微微有些沮丧。可是，爱迪生丝毫没觉得这次实验是失败的，他的大脑又在急速地搜索电阻高、散热慢的金属。他让巴切勒从材料库中找来贵金属铂金，制成灯丝，可还是很快熔断了。要知道铂金的熔点是1772° C，在金属中算是高的了。爱迪生苦思冥想其中存在的问题，他决定从电灯的结构上寻找突破口。他画了一张又一张的草图，终于，一个美好的构想成型了，巴切勒看到的图纸中：两根铂金丝绕成螺旋状，并排装在玻璃泡里，中间由一根横杆相连，铂金制作的棒状物做调节器，一头固定，一头与小横杆相连。

一向密切关注爱迪生研究动向的西方联合公司看到了电灯的美好前景，他们预感到新型便利安全的电灯将要取代煤气灯的趋势。西方联合公司总律师格罗斯维诺·洛雷说服西方联合公司总裁诺尔文格林博士首先给予爱迪生有力的资金支持。随后，黄金与股票行情电报公司的主要股东特雷西·爱迪生以及与摩根(j · P · Morgan)合伙经营企业的埃吉斯托·法布里(Egisto · Fabbri)也给予了大力支持。经过磋商，他们成立了一家股份公司——"爱迪生电灯公司"。他们说愿意投资30万美元来支持爱迪生搞电灯发明，和他合伙创办电灯公司，同时希望持有爱迪生在电灯、电力和电热等方面的一切发明专利，能够有权将这些发明专利以颁发特许证的形式卖给他人。

爱迪生考虑到电灯的研究还需要庞大的经费支持，而自己又不善于理财，手头积蓄不足。为了理想中的电灯能够早些面世，经过深思熟虑后，他接受了他们的条件。

有了强大的资金支持，门罗公园更是焕然一新。爱迪生亲自设计，扩大了实验室，加盖了车间，并购得两台80马力的蒸汽机。研究所的科研人员也增加到了200多人，其中有精通数学的阿普顿，擅长化学分析的劳森和专门检验矿石金属的海德，还有个喜欢研究电池的小伙子杰尔。

阿普顿本是普林斯顿大学数学系的高材生，又在德国科学家海姆·霍尔茨那里研究了一年的数学。他听说爱迪生卖报出身又没有读过多少书，年轻人不免心高气傲，心里有些看不起这个土里土气的爱迪生。

有一天，爱迪生拿着一只灯泡，让他计算出灯泡的容积。小伙子拿着这个梨形的灯泡，琢磨半天，开始测量计算，忙碌了起来。过了半天，爱迪生还没有接到结果，奇怪地跑过来看。只见阿普顿忙得满头大汗，几张草纸上写满了验算的公式，正在仔细地推算着。爱迪生忍不住笑了，他拿起灯泡，来到水池边将空灯泡注满了水，然后把注满水的灯泡交给他，笑着说："你可以把水倒进量杯，就会得到我想要的数据啦。"阿普顿恍然大悟，顿时面红耳赤，不好意思起来，对爱迪生的智慧真的是心服口服了。

经过不懈地努力，1878年10月5日，爱迪生获得了登记号码是214636的专利，这是一款新型的铂丝电灯。

爱迪生发明了电灯的消息，通过新闻记者以及各种宣传途径迅速传遍了美国，轰动了整个大西洋两岸。

受爱迪生发明电灯影响，首当其冲的就是反应敏感的股票市场。全世界的煤气股票一落千丈，数日之内了狂跌20%！英国议会为此召开紧急会议，并组织成立专门委员会，研究电力发光对整个社会生活带来的影响和对策。

同时，爱迪生想要将电流分路的设想引起了很多人的非议，他们认为这个想法纯粹就是无稽之谈，是与能量不灭定律相违背的。面对来自四面八方的冷嘲热讽，爱迪生只是淡然微笑，对电流分路研究的信心毫不动摇。

在电力照明上取得阶段性进展的爱迪生并没有为此而骄傲，因为他认为目前的铂丝电灯还不是他理想中可以广泛应用的电灯。铂丝虽好，但太过贵重，高成本不利于普及推广。他要继续寻找更经济的材料，制造出适用于大众的白炽灯！

5. 通往光明之路

爱迪生为了寻找到更加适合做电灯灯丝的材料，不断地实验各种高熔点的金属。除了铂金，他还试了钡、钌、钛、钼、铑、锆等稀有金属。由于长期的熬夜和强光的刺激，他的双目又红又肿，实在受不了了，他就吃点止痛药，然后继续工作。一次次的失败和一次次的打击都动摇不了爱迪生的决心，他依然乐观地坚持着自己的选择，孜孜不倦继续研究，以求得他心中对电灯满意的结果。

有时他甚至忘记吃饭，对此，玛丽也感到很无奈，她深深理解和支持丈夫的工作和事业，尽可能地照料好他的生活起居。当她看到他正处于沉思冥想的状态时，玛丽便不会去惊扰他，只得把饭盒放在他桌边，叹气离去。

爱迪生经常在深夜还查找资料，累极了就枕着几册书伏案睡一会儿。有一次被他朋友看到，开玩笑说："怪不得你的知识如此丰富，原来在你睡觉的时候都在吸收知识。"

实验在艰苦地进行，随着一次次的失败，先期投入的5万美元很快就用完了。有些参与投资的老板见实验成功的希望渺茫，赚钱的机会遥遥无期，开始有些动摇。爱迪生为了稳住他们的情绪，便邀请其中几个身份重要的股东摩根、洛雷来门罗公园参观实验的进展。爱迪生带领他们参观了门罗公园并把新研制出来的电灯点燃展示给他们看，可是，结果并不尽如人意。几盏新式铂丝电灯没点一会儿就相继灭掉。实验室一下子陷入黑暗中，同时，黑下来的还有几位股东的脸。

爱迪生实验新式铂丝灯失败的消息不胫而走。各种小报立即成为反对派的利用工具，对爱迪生进行打击和讥讽。还有人在一篇名为《爱迪生先生发明了什么？》的文章中写道："尽管这位感情冲动的青年发明家发表过许多惊人的言论，但现在证实，那些具有高深造诣的电学专家的意见非常正确，爱迪生先生所走的路线是行不通的。"面对这些非议、流言、讥讽，爱迪生根本就不在乎，他决心要达到的目标，坚信一定会实现。

好在股东之一的洛雷深谋远虑，在他的竭力劝谏下，股东们答应再提供5万美元，让爱迪生的实验得以继续下去。

重新开始的爱迪生苦苦思索着新式铂丝灯失败的原因，他又想到了作为灯丝的耐热材料，铂金虽然好，但是价格昂贵，不利于普及。他一定要找到一种能够耐高温又物美价廉的材料来代替它。接下来，他打算首先安排人力，分门别类地实验1600多种不同的耐热材料。然后改进抽气方法和设备，使玻璃泡中能够达到更高的真空程度。最后，继续钻研电流分路系统，既要实用，又要保证安全。

实验1600余种不同的材料，需要订制大批量的玻璃泡。爱迪生为了节省开销，干脆雇佣了会吹玻璃泡的技工波姆，自已在门罗公园内办起了小型玻璃厂。他听说在普林斯顿大学有台斯普伦格尔的抽气机，是由英国科学家克鲁克斯发明的，也是当今世界上性能最好的抽气机。他立刻派阿普顿启程奔赴普林斯顿大学商洽借回来。实验后，果然不同凡响，灯泡的真空效果非常显著。

让爱迪生感到意外的是，他记录的1600多种材料，经过测试都没有使用铂金的效果好，而铂金的稀有贵重正是他所顾忌的，几十天的努力一下子又退回了原点。无奈之下，他只好让擅长化学分析的劳森和专门检验矿石金属的海德帮助他搜集、搜索了全世界的地质矿物的资料，他要在全世界范围内探寻稀有的白金矿。

有一天晚上，爱迪生一面思索着问题，一面漫不经心地捻着桌上的一团棉纱。突然，他把目光停在了棉纱团上，扯下一段棉纱放在火上烤了大约50分钟，棉纱开始变硬变焦，此时，爱迪生屏住呼吸，小心翼翼地将棉纱制成的碳丝装进了玻璃泡。用那台抽气机抽尽了里面的空气，形成真空，通上电流。棉纱丝立刻发出金色耀眼的光芒。效果不错，虽然这截灯丝燃亮了没多久，却已经为爱迪生指明了方向。他还是决定继续用碳丝来做新式电灯的实验。

其实，爱迪生很早就考虑碳是最合适的材料，可那时没有合适的抽气机，玻璃泡内达不到真空，没能发挥出碳的高熔点的优越性。加之碳本身脆弱又有很多小洞眼，结构不紧密。通电膨胀后，洞眼里的空气被挤出，降低了真空的程度，所以很难成功。从这天起，爱迪生屡战屡胜，灯泡的寿命由2小时迅速蹿升至13个半小时。

可爱迪生还是不能满足，他执著地坚持着自己理想的标准，继续改进碳化方法。10月21日，他把一截棉线撒满碳粉，弯成马蹄形，装进一个金属盒，经过几小时的碳化处理。爱迪生和助手很精确地把碳化好的灯丝装进准备好的玻璃泡内，再由波姆按照爱迪生的要求将空气抽至只剩下一个大气压的百万分之一，密封好后接通了电流。

这一次，碳化的U形棉线表现得非常出色，灯泡发出了金色的光芒，光度明亮稳定。

爱迪生目不转睛地看着它，心情无比激动。1小时，2小时，3小时……24小时，在众人凝神屏气的守护下，继续稳稳地发出光芒，40多个小时，没有人愿意离开一步，生怕弄熄了这盏灯。

爱迪生抱着双臂，看得出神。快到45小时了，爱迪生相信这次实验是非常成功的，他开始让巴切勒加强电压，结果这截有着历史意义的灯丝在强大的电流冲击下，迸发出更加耀眼的光芒，在点燃了几分钟之后，终于熄掉。这是人类第一盏具有广泛应用价值的电灯！这一天1879年10月21日，也被美国确定为电灯发明日！

大概是压抑得太久了，人们早已抑制不住心中的喜悦情绪，欢声雷动。这时，爱迪生才发现，在实验室门外汇集了沸腾的人流。

爱迪生终于实现了自己的梦想！带领人类踏上了光明之旅。喜悦之后，爱迪生异常冷静地分析了这种灯丝的利弊，他希望继续改进，直到可以达到稳定点亮100小时，甚至400—1000个小时，使他的梦想更臻完美。

1879年的11月1日，爱迪生向美国专利局申请了碳丝灯的专利，在门罗公园开始大批量的生产。12月下旬，他向世人公开了白炽灯实验成功的消息。并接受了《先驱报》的记者马歇尔·福克斯的采访。来到门罗公园，那名记者首先就感到了震撼，他把爱迪生称做“门罗公园的魔法师”，并把他的“魔法”讲述得神秘莫测，文章以“爱迪生之光”，“伟大照明家在电力照明方面的胜利”等大小标题11个，占据了一个整版和次版的一个专栏，充斥着城市的大街小巷。同时，爱迪生高调地宣布，他将使用新光源来照亮门罗公园的新年除夕夜。

从圣诞节开始，人们开始络绎不绝地涌进门罗公园，参观爱迪生的“魔法”成果，看他是怎样摘下了天上的星星。以讹传讹的人们开始谣传夜空中的星星中就有爱迪生挂在天上的灯，好奇的人们不断向门罗公园发送邮件询问“爱迪生星”的问题。哭笑不得的爱迪生甚至在《先驱报》上辟谣，澄清自己并没有拿“星星”做实验。

新年除夕夜在众人的祈盼中来到了。

当夜幕降临，第一列火车进站时，爱迪生启动开关。从车站到门罗公园的路上安装的40盏灯，霎时间金光闪射，炫美的灯光把街道装点得如梦如幻，仿佛走在天上的街市。人们从车上下来，在惊奇中欣赏着奇迹，赞叹不已。门罗公园内的数百盏灯更是把这里照耀得亮如白昼，黑暗早已经畏缩地退至角落。这些神奇的电灯可以随意开关，更是让人们惊呼“爱迪生万岁！”在深冬的年底，人们已经忘记了寒冷，新年钟声响过之后依然流连忘返。

庆祝会后的爱迪生不断收到来自各地的邮件和礼物，人们称赞他是个伟人，是当代最伟大的科学家。爱迪生电灯公司的股票开始暴涨。

获得成功后的爱迪生依然不满足于白炽灯目前的水平，他希望灯泡的寿命还可以进一步提高，所以他继续寻找更适合于做灯丝的材料。一切可以碳化的纤维都被爱迪生拿来做实验。稻草、木材、砂纸、线、马尼拉麻绳、马鬃、钓鱼线，甚至克鲁西浓密柔软、黑中透亮的胡子和麦肯基稀疏刚硬、黄中带红的胡子都被拿来做实验。随着实验的进展，灯泡的寿命也节节升高，从45小时到100个小时，此后又增加到150小时，170小时。

时间荏苒，日子就在紧张的实验中度过。到了1880年5月，爱迪生实验过的植物纤维已经超过6000种，制造的灯泡已经可以连续工作300小时。新型发电机的问题也全部解决，电流分路系统初具雏形。但是爱迪生总是觉得灯丝的材质不够均匀，对发出的光亮有影响。

有一天，爱迪生正靠在椅子上闭目沉思。5月的阳光从窗户的玻璃透射进来，暖暖地照在爱迪生的身上。不一会儿，爱迪生感觉有些热，他伸手取过一把竹扇纳凉。他扇动扇子的手突然停在空中，愣愣地盯住扇子。随后，这把扇子的使命就得到了升华。他取出扇骨中的竹丝，放在显微镜下观看，那纤维条理分明，纹丝不乱，正是爱迪生想要的那一种。太好了，真是踏破铁鞋无觅处，得来全不费工夫！爱迪生像个兴奋的孩子，语无伦次地大喊着“巴切勒，巴切勒，这正是我们想要的”……

这盏碳化竹丝灯连续点亮了1200个小时！爱迪生高兴极了，他决定把竹丝作为灯丝的首选，但是他要找到最适合的竹子作为新型白炽灯灯丝的材质。

爱迪生详细调查了关于竹子的所有资料，选派出20名精干的成员，跋山涉水，远渡重洋，走遍了西印度洋、中美洲、亚洲，深入到产竹种类最多的中、日等国的产竹区采办样品。

1880年的夏天，派出的成员们搜集到几千种竹子样品。经过实验比较，其中以日本出产的一种竹子质地最佳，最适合制作灯丝。爱迪生立即派人与日本当地农户签订购销合同。同时在美国开办发电厂，在城市区架设电线。

随后大批物美价廉的灯泡流入市场，大受人们欢迎，大量的订单纷至沓来。这可忙坏了门罗公园的技师们，爱迪生马上开办临时训练班培养技师。为了确保用户的安全，细心的爱迪生又发明出“保险丝”。在众多用户的证实下，爱迪生当初承诺的关于电流分路和电灯的种种优点，已经全部兑现。那些曾经指责过他的人，感到非常难堪，不得不表明自己的立场，向爱迪生道歉。

几年后，爱迪生又发明出一种化学纤维来代替竹丝，把灯泡的质量又提高了一步。爱迪生的进取心永无止境，爱迪生曾经考虑过熔点高达3410℃的钨，但由于当时的技术不成熟，无法制成合适的钨丝。1909年，威廉·大卫·库利奇发明了一种拉制钨丝的新工艺，成功地将钨拉成直径仅为头发1/16即约0.5微米的细丝，爱迪生成功地制成钨丝白炽灯，从而“戏剧性地降低了生产白炽灯的成本”，大大提高了白炽灯的发光强度和发光效率，白炽灯的寿命也大大增加，并且于1913年12月30日取得了这种灯的专利。从此，性能更为优越的钨丝灯便成为主流产品，逐渐遍及全世界。这就是延续到现在我们还在使用的钨丝灯。

正如贝尔不是电话的唯一发明家，爱迪生也同样不是白炽灯的唯一发明家。早在爱迪生之前，英国电技工程师斯旺（Swan）在19世纪40年代末就开始进行电灯的研究，1878年12月18日，斯旺试制成功了第一个碳丝白炽灯。他对于白炽灯的研究经验给爱迪生提供了直接帮助，但是斯旺由于没有庞大的实验资金的支持，直到1880年才获得专利权，1881年才开始投入生产。他的碳丝灯泡生产出来后，因为没有相应的发电站和输电网，没能得到发展。所以，爱迪生后来居上，成为了被世界公认的白炽灯专家。

白炽灯的发明是19世纪末最伟大的发明，它的诞生为人类带来了光明，也成为爱迪生对人类最辉煌的贡献。

Chapter4

第四章　为人类谋求幸福的生活

THOMAS
EDISON

1. 纽约第五大道

白炽灯的发明把人类带进了光明的电力革命时代。爱迪生并不满足于此，这只是他实现梦想中的庞大的电力系统的起点。他在研究发明白炽灯的同时，已经在酝酿着关于建立一个电力照明配套系统的宏大计划。

爱迪生理想中的电力系统是科学实用的，是一种类似于煤气照明的导电体网形组织。在他大量的笔记中，已经详尽地记录了预想中的可以电流分路的电网，能够在指定区域内，多方用电能供给灯光。所用的电灯，每一盏相对于其他的电灯都是独立的，性能安全耐用，使用简单，同时要优于煤气灯的价格，这样才能够有竞争力。他准备设计一种方法能够单独计量每个用户的用电量，方便用户，提高可信度。在电网分布的各处，还要设计一种方法，使分布在各区域的电流电压能够稳定，无论灯盏与发电设施距离的远近，都能够获得相应稳定的电压。设计一种功率很高的发电机，能够把蒸汽转化为电力，和蒸汽机、发电机以及其他辅助机械组成的保证不停运转发电的发电站。这样大规模的使用电能，提高电能在使用过程中的安全性也是很重要的环节。要发明一种安全机械，能够控制电流在导电体上有超过电量的现象，不让危险存在。发明一种能够随时可以关闭和打开电流的装置等一系列设想。这个伟大的发明家缜密的思维，认真的态度和执著的精神不得不让人佩服。

爱迪生要在尽可能短的时间内把这个繁杂的体系变成现实。1879年的夏天，他开始研究现有的磁石式发电机，他仔细地研究了发电机的各个部件，经过反复的研究实验，发明了比原来发电功率更大的发电机。设计草稿交给克鲁西，由他亲自领兵制造。

1880年，爱迪生在门罗公园实验了具有80马力的发电机组。实验中，他又发现这种机组存在虚耗过大的弊病，他继续研究改进，终于在第二年年初成功地研制出被称为“长腰玛丽·安”的巨型发电机。在第一次试验成功后，爱迪生宣布这种大型发电机的电能转换率为90%，引来很多电学家的质疑。而实际上，这种发电机的转换率确实能够达到82%，在当时已经算是个奇迹，这意味着爱迪生将现有的发电机效率提高了一倍以上，并且沿用至今。

接下来他需要解决的难题是，由于电线的阻力，电流分配不均，使得距离发电机远的灯盏亮度不足，暗淡无光。另外纵横交错的电网耗费大量的铜线，使得成本增高，不利于广泛应用。爱迪生改变了布线的方法，他把一条总线架于街道两边，用户们的支线便可以从总线上接出来，不必再和中央电厂相连。这种布线方法较之以前节约了1/8的铜，大大降低了耗材成本，同时电线中电压降落和损耗也减少许多。使用这种方法，只有馈电线上会有电位的降落，但不会影响电灯的亮度。

爱迪生选定了纽约作为他电力照明系统的试点城市，这需要相当大的投资，那些银行家有些犹豫，担心巨大的投资因为电网的失败而付之流水。为了保险起见，他们要求爱迪生先在门罗公园建立个小型的电力系统，如果能确认使用电力照明比使用煤气照明更加廉价，他们才肯投资。

爱迪生派出助手对纽约城的用户进行调查，并在地图上清晰地标明煤气照明系统在城市里的每一处设施以及相应的数据。

门罗公园的工程也开始动工挖地沟，当工人把供电的电线穿在木质的线槽里并埋于地下，突然有人惊慌地大声喊叫："漏电了。"爱迪生果断地命令截断了电源，寻找漏电的原因。他叫来电学专家豪厄尔，说："或许我们需要找到一种很好的绝缘材料。"在之后的两个星期中，他和豪厄尔查找了大量的书籍和资料，实验了所有他认为可能适用的材料。终于获得一种最佳的绝缘材料的配方，漏电问题得以解决。

用电的计量问题也是悬而未解的问题。爱迪生的电力照明系统不同于早前存在的弧光灯，不可能沿用原来的计量方法。1880年的秋天，爱迪生经过多次实验，采用了电度原理，终于解决了用电计量的问题。

又一个冬季来临了。12月初的一天傍晚，门罗公园的灯光突然暗了下去，电力照明系统几近瘫痪，这可急坏了门罗公园的研究人员。大家迅速查找原因，检查到蓄水池才发现，水池里的水已经枯竭了，正是因为如此，蒸汽机无法正常运转，没有蒸汽，当然发不出电来。"克鲁西，你现在带人乘火车去古力矿，在那里尽快建个抽水站。""休斯，你要马上到纽约采购足够的水管。”爱迪生在门罗公园里运筹帷幄，调兵遣将。接受任务的人员按照爱迪生的安排迅速行动。很快，一条半里长的水龙从水源处绵延到发电车间。在大家的同心协力下，门罗公园重现光明。爱迪生望着如繁星璀璨的门罗公园，欣慰地笑了。

爱迪生要在纽约地下建立供电网，这新生的事物严重威胁了煤气公司的利益。他们大肆宣扬地下电网的危害，煽动人们抵制爱迪生的电网施工。对于这一切，爱迪生处之泰然，他坚信人们终究会明辨是非的。他继续着自己的计划，邀请纽约市的参议员们来到门罗公园参观他的电力照明系统。

议员们一下火车，就被眼前的情景震撼了。刚刚的一场大雪为美丽的门罗公园披上一身银装，明亮的灯盏犹如一颗颗熠熠生辉的钻石，把门罗公园打扮得分外妖娆。议员们分为几个不同的小组对爱迪生的电力照明系统进行考核。在爱迪生的办公室里，他为议员们展示了纽约地下供电网的图纸，并对他设计的中央电厂以及地下电线的位置图进行讲解。

按照爱迪生事前周密的安排，每个环节都有专人来负责讲解，克鲁西在机房主要负责对他们讲解发电机的工作原理。维尔在发电机旁，劳森在矿石分析室，杰尔在操作室。他们有条不紊地按照计划进行。

解说完毕后，议员们被安排在实验室的玻璃窗前，看着外面的街灯和亮着的房屋。突然，灯光在慢慢转暗，世界将要陷入黑暗之时，突然又开始亮了起来。原来，这一切都在爱迪生的掌握中，他可以随意控制灯光的明暗。太神奇了，议员们

开始三三两两地议论起来，显然他们开始对这个电力照明系统感兴趣。随后，爱迪生又为他们展示了真笔电报机。偌大的房间只有屋角的灯光亮着。爱迪生大声说："灯光亮起来！"随着话音，全场亮如白昼，议员们一阵惊呼，因为他们看到了房间中间的餐台上摆放着丰盛的美食和醉人的香槟。

毋庸置疑，这次展示是非常成功的，爱迪生顺利地得到了在纽约地下建设供电网的许可。

纽约第五大道65号是一幢古朴的四层建筑，外墙是由棕色的大理石砌成，这幢看起来很普通的大厦后来成为爱迪生在纽约开展电网工程的总指挥部，各种指令都从这里发出。为了人类光明时代的早日来临，爱迪生和他的助手们在这里度过了一个个不眠之夜。

1881年2月，爱迪生正式把门罗公园的工作总部迁移到这里。他任命克拉克作为公司的总工程师，协助他完成这个巨大繁杂的电网工程。他们日夜攻关，克服了一个又一个困难，在一次次的失败中总结经验，继续完善着用电计量和研制巨型发电机的各种问题。爱迪生对白炽灯的前景具有很强的信心，他深知这将是一场划时代的革命，不是自己的力量可以完成的。正是因为这样，他需要获得更多的精英人才的支持，来协助他完成这项巨大的工程。

他将自己的爱将爱德华特·约翰逊从英国伦敦调回。约翰逊回国后见到爱迪生，老友重逢非常兴奋，当他听到爱迪生描述的电力照明的前景以及遇到的困难，凝思很久，说："我可以向您推荐一个人才，他曾是古劳德上校的秘书塞缪尔·英索尔，是一位非常有才华的年轻人。"爱迪生一向爱惜人才，礼贤下士，很痛快地就答应了。

当英索尔知道了这个消息，兴奋得差点跳起来。这个21岁的英国大男孩是一位金融方面的天才，他在英国的时候，曾经读过一篇《与爱迪生共度的夜晚》的文章，从此以后，爱迪生便成为他心中的偶像。如今，他将要与自己崇敬的人并肩作战，这是多么不可想象的事情啊！

春日的余晖把纽约第五大道65号楼涂抹成金色，显得异常瑰丽。一位英国大男孩踏进这座陌生的楼宇，在约翰逊的引导下，他来到一个很大的房间，房间里有很多仪器设备，很多人在这里各自忙碌着。约翰逊把他带到一个正在工作的人面前，那人抬头看看他。那个人有着淡金色的头发，有些蓬乱，穿着很朴素，看起来是个很普通的人，甚至有些土气，完全没有他想象中的学者风范。难道这就是传说中的爱迪生吗？双方睿智的眼神在交汇中打量着对方，并且在相互质疑。爱迪生想，这个毛头小伙子会是一位金融专家吗？看他那稚气未脱的样子似乎只有十七八岁吧，和自己在火车上卖报纸时差不多。但是，约翰逊向来做事稳妥，是很值得信任的。再说，人不可貌相，当年自己不也被人嘲笑过吗？或许我该给他一个机会。

就这样，英索尔被留下来做了爱迪生的秘书。让英索尔没有想到的是，爱迪生立即给他出了一道难题：如果想在纽约建立一个照明区，他们还需要建立三四个大型的制造厂，来生产工程中所需要的发电机、电灯和地下电缆。而他目前只有7.8万美元，如何去填补那巨大的资金缺口？

英索尔只能立刻进入角色，先大概地了解了爱迪生公司的财务状况。经过迅速地分析，他向爱迪生提出了合理的建议，使爱迪生成功地获得了所缺资金，顺利建成了制造辅助设备的几个公司。在英索尔的辅助下，爱迪生不仅获得了资金资助，还获得了在纽约建立中心发电站的特许权。正是这个不起眼的英国男孩，在此后12年间，给予了爱迪生无法估量的帮助，在他的电力事业发展得越来越大时，他的金融管理也越来越复杂，爱迪生因为幸运地得到这样一位专业的助手而避开很多困境。

纽约中心发电站选址在珍珠街255—75号。爱迪生看中这里的原因是，这里包括了华尔街的很大一部分。如果这里电力照明的工作获得成功，他就会得到华尔街商人的大力支持，从而能把电力照明推向全美国。

珍珠街发电站的机械、设备和部件都是由爱迪生照明公司独立完成设计和制造的，先后耗费了60万美元。由于这是一件史无前例的事物，埋在地下的每根导线都带有强大的电流，谁也无法预知会有什么危险发生，何况煤气公司还在虎视眈眈地密切关注着这里的一举一动。爱迪生和他的同事们每天都要小心翼翼，如履薄冰，反复认真地核对着各种数据，绝不敢有一丝马虎。

2. 光明的事业

1881年，世界博览会在法国巴黎举行，各种琳琅满目的新奇特商品吸引了世人瞩目，其中有一台重达27吨的巨大发电机更是引来了众多人围观，这就是爱迪生制造的可供1200只电灯照明的发电设备。其设计巧妙大胆，考虑周全细致，各种附件一应俱全，很多细节仿佛都经过千锤百炼一般，受到来自各个国家的电学家们的特别好评，他们仔细地研究着这台巨型发电机的结构，争相意图效仿。一个叫做拉特诺的德国人，当即就和爱迪生签署了合作意向，买下了他的发明专利，回国后不久，就成立了德国爱迪生-应用电器公司，紧接着法国也出现了安装爱迪生电力照明系统的公司。很快，英国、意大利、荷兰、比利时相继成立了类似的公司。这次的世界博览会让爱迪生声名大振。

1881年的夏天，开始在纽约城里的主要街道挖沟，繁忙的工地紧张而有序地进行着。为了让大众更安全地使用电力照明，克拉克、杰尔、约翰逊等人充当讲师并自制教材，忙着开设各种培训班，普及电工技能。由于铸铁厂误了工期，真正铺设管线的日期被推迟到了10月份。爱迪生带着克鲁西和英索尔亲自督战。在已是深秋的纽约城的地沟下，条件异常艰苦，低陷的地下室中，空气十分浑浊。爱迪生实在困倦的时候，就脱下外衣铺在又冷又硬的铁管上当做枕头睡一会儿，这让很多在场的工人为之感动。纽约城的居民们对这项巨大的工程非常感兴趣，时刻关心着线路铺设的进展，表示出了极大的关注。当工程完成了1/3时，纽约的冬季已然来临，寒冷的冰雪阻断了工程的进展，无奈之下爱迪生只好宣布停工，在漫长的等待中静候春天的来临。这时，反对派又伺机出来制造舆论攻击，爱迪生不得不沉着应对，巧妙周旋。他不断地宣称还会在某一时期建立中央电厂，对敌人虚晃一招，也是为了保持士气。

爱迪生承认，建立中央发电厂是他一生中“最大的冒险”，因为这样的工程是史无前例的。他非常细心地设计出很多安全装置，以确保居民用电万无一失。

1882年9月3日，建设在珍珠街的中央发电厂全面竣工，一切准备工作也已就绪。爱迪生一遍遍地检查每一个细节，因为强大的电流一旦送出，很多事情是无法预知的。他的心情也很忐忑，所以一直坚守在工厂里。

实验将在4日下午5点开始，约翰逊、英索尔、伯格曼、克拉克、克鲁西等爱迪生电灯公司的主要成员汇聚在电机室，等待着这一神圣时刻的来临。大家的心情和爱迪生一样紧张而期待。爱迪生点头示意开通电闸，中央电厂的工程师里勃轻轻地合上电闸开关，巨大的电流迅速传递到纽约的大街小巷。随着珍珠街中央电厂源源不断地供应，纽约城里的电灯逐渐点亮。开始的时候，在天光的映衬下灯光还有些暗淡，随着天色逐渐变暗，电灯效果就愈加明显。当天光被夜幕完全遮掩时，纽约城亮起的灯光熠熠闪烁，如同繁星璀璨。室内的灯光明亮、稳定而柔和，让人感觉舒适，完全不像煤气灯那样散发很强的热量和令人不快的摇曳，人们异口同声地称赞爱迪生的丰功伟绩，沸腾的纽约城迎来了光明的新时代。

纷至沓来的订单让爱迪生电灯公司开始应接不暇。由于他目前的设备只能保证供应800盏电灯的电流，爱迪生不得不开始大量地开设培训班来培训技术工人，同时也加大力度铺设管线，争取在最短的时间内点亮纽约城所有的角落。

珍珠街中央发电厂正式供电后的第二天，爱迪生开始做用户回访，以便及时获得信息，使他的电力照明系统日臻完美。有意思的是，他回访的客户中，有一位叫做科布尔的用户，在接受爱迪生的访问时，想了半天，实在想不出来这电灯有什么不好，只好说："这电灯虽好，可是不能点雪茄呀！"这可真让爱迪生哭笑不得。三天后，科布尔收到一份礼物——一只电动打火机。

在珍珠街中央电站建成后不久，爱迪生收到了30多项专利的登记书，这在当时几乎是绝无仅有的。到了19世纪80年代，爱迪生在电灯研究事业上取得了巨大的成就，同时也获得了很大的投资收益。到了1882年的年底，珍珠街中央发电厂拥有231家客户，能够点亮3400盏电灯。在珍珠街中央电厂运行一年后，他们已经拥有客户431家，能够点亮1万盏灯。1884年，仅中央发电厂配电中心的客户已经达到500户支持1.1万盏电灯用电，加上其他发电厂一共点亮了5.9万盏电灯。

随着用电量不断增多，很多独立的单位、企业要求建立独立的发电厂。在爱迪生电灯公司的协助下，先后建立了150个发电站，他不仅将光明送进千家万户，还送进了剧院、纺织厂、船厂等，大大方便和丰富了人们的生活。爱迪生被《纽约时报》称颂为“普降光明的人”。

爱迪生在研究中发现有一种布线方式更加节省铜材料，因此而发明了“三线系统”。他需要找一个小镇来实验这个系统，再三抉择后，他选择了布洛克屯。当地的居民久闻爱迪生的大名，更是渴望光明能早日降临这里，但是他们对于挖沟铺线显得有些迟疑，不愿意支持。

聪慧过人的爱迪生想出一个妙法，让居民们知道如果不挖地沟铺线的话，就要砍掉很多高大的树木来架线，这里的居民向来爱惜这些林木，怎么忍心为了发电而破坏掉自己美丽的家园呢？最终，不得不听从爱迪生的意见。很快，于7月4日布洛克屯发电站顺利建成。

紧接着，爱迪生又选定了宾夕法尼亚州的森博雷作为试点，他选择这里的原因是这里的煤气昂贵，但是燃料相对低廉。这里的居民因为对用电知识不了解而对电恐惧，担心电流会漏出来而烧毁了他们的房屋。有一次，因为暴风雨的来临，雷电袭击了森博雷。随着一道道刺眼的闪电，雷声隆隆，都城饭店的配电室也冒出了火花，人们开始恐慌，不顾室外的疾风骤雨争相跑向室外，并宣称是恶魔作祟。他们宁肯站在大街上被雨淋，也不敢回到房间里。爱迪生派驻在这里的助手安德留立即检查了配电室，确定是被雷击了。庆幸的是，如果没有这些电线来作为导线，恐怕这幢建筑早已经化为乌有。可无论怎样解释，那里的人们还是心有余悸，不敢去尝试这种新鲜的事物。对此，爱迪生果断地决定凡是愿意接受电灯的用户免去3个月的费用。就这样，爱迪生逐渐打开了森博雷的市场。

不久，爱迪生听说路易斯维尔城准备建设“南方博览会”，预计需要100昼夜的时间，因为施工需要连续昼夜不休，故需要安装5000盏电灯。爱迪生得到了这个机会，再次获得了大规模实验他的三线系统的机会。爱迪生为此次的照明系统所作的设计非常精确巧妙，他使那么庞大的工程环环相扣，只需要一个人来管理便顺利完成了博览会的照明工程。

1881年，位于阿迪龙达克山的蓝山旅馆成为第一家使用电灯的旅馆。由于交通不便利，安装发电机组时，他们不得不动用多头骡子作运力，才得以顺利安装。

随着电灯的普及，剧院也慢慢接受了这种先进的照明方式。芝加哥的哈佛里剧院首先换下煤气灯，安装了637盏电灯，大厅中央吊挂着的那架晶莹夺目的大吊灯尤其令人称奇。更神奇的是，剧院里任何一处的灯光都可以随意变化明暗。不但消除了火灾隐患，而且在化妆间与舞台之间的灯光效果的统一，打消了演员们曾经担心的妆容失真等问题，为他们精湛的表演锦上添花。

随着白炽灯的技术不断完善，电灯很快就普及到世界各地，广泛地应用到各国大都市中的剧院、酒厂、纺织厂、造纸厂以及政府建筑之中。

天才爱迪生，他的想象力完全没有极限，他可以想象当时的人们无法想象的事情。在电力照明上获得了非凡成就的他，并不肯止步于此。他的大脑开始不安分地想象着电力的其他妙用，比如电力可以带动风扇，可以带动缝纫机，可以洗碗，可以抽水，可以让家庭全部“电气化”，历史事实证明，他许多超前的丰富想象，竟然比后来的事实提前了30年。

爱迪生不但是位伟大的科学家，还是一位科学的艺术家，他总能把他的科学技术融合到艺术中去。不信你看，在一次推广电灯的公开表演上，由头戴灯泡装饰头盔的几百名年轻人组成方阵，前面的指挥官骑马拿着带有灯泡的指挥棒，随着音乐上下挥舞，方阵中队员头盔上的小灯就随着节奏或明或暗地变化，如同点点萤火在暗夜里闪烁，在游行的队伍中非常抢眼，爱迪生以新奇的创意引起人们的阵阵惊呼。人们激动地大声呼喊着：“爱迪生，电灯！”

由于爱迪生电灯方阵在游行会上的出色表演，一位脑筋灵活的大剧院经理看中了爱迪生的这个创意，一定要与他合作，创造出更加新奇的舞蹈。爱迪生认为这个想法很有趣，也很愿意帮忙，很爽快地答应了。

1883年，在纽约著名的音乐厅布尼洛公园举办了一场别开生面的芭蕾舞表演。在活动开始前的几天，纽约大街小巷都贴满了由大名鼎鼎的爱迪生指挥演出的海报。当时，爱迪生的名字已经家喻户晓，人们争先恐后地排队买票，就是为了要现场观看爱迪生再次创造奇迹，是的，他们相信爱迪生，一定会做到。

众人期待的表演开始了，随着音乐响起，舞台上灯光慢慢亮起来，雄伟的布鲁克林大桥的景观赫然显现在观众面前，激动的观众开始打起了口哨。一个个美丽的女演员挥动着带着亮光的仙女棒，萤火点点，如梦如幻，像一群天使翩翩起舞。这场表演盛况空前地受到好评，剧院连日爆满，演出时间一再继续。人们津津乐道的是奇怪那些女子是怎样发光的，一名报馆的记者实在耐不住好奇心的驱使，偷偷跑去后台，看这个神奇的魔法师到底是怎样做的。

他看到这个有魔法的人在穿着舞蹈衣的女人之间穿梭着，替她们整理好舞衣里的电池和电线，使电源线不被观众发现，就是这个小小的电池会让演员们额头上和手持的道具上真的发出亮光来。这种新奇的舞蹈大大提高了剧院的上座率，并且成为了剧院的招牌舞蹈。

爱迪生是一位严谨认真的科学家，容不得自己的产品有一点点瑕疵。他在不断地扩展他的电灯事业，不断地改进白炽灯的性能及其辅助装置，特别是发电机的改造。还探索在世界各地进行拓展电灯事业，参与公司政务。在他关注这些事情的时候，却忽视了一项本该属于他的重大科学发现——爱迪生效应，这种效应后来成为无线电技术和电子管技术的重要基础。

那是在一次改进白炽灯时的发现，他发现点亮过的白炽灯熄灭后在灯泡的玻璃壁上有一层薄薄的黑色的粉末，爱迪生感到很好奇，便做了一项实验。他在白炽灯泡内焊接一个金属薄片，与电流计相连。当金属片连接到电池正极时，电流计的指针会转动，说明灯丝与金属片之间是有电流存在的，可当金属片连接电池负极时，指针不动。这个特性在后来才得到解释，可以利用它来制造只允许电流流向一个方向的器件。可惜爱迪生只是把这个发现记录在笔记本上并写进论文，并没有深入研究。也许是他太过关注于电灯系统的推进，而错失了对电子世界更深一步研究的机会。

3. 群星掩映下的“电力机车”

同样是由于爱迪生对电力照明事业的重视，以及之后电影的发明带给人们的震撼，“电车”的发明犹如群星闪烁中一颗不很起眼的新星，掩映在巨星的光芒之下，鲜为人知。

其实早在1878年，爱迪生去洛杉矶观测日全食的那次旅行中，他就有了这个想法。他在归途中看着火车车窗外的景色，一望无际的原野，农夫赶着马车驮载着稻谷和蔬菜费力地行走在崎岖泥泞的小路上。善良的爱迪生心中一动，随即想：如果可以制造出一种使用电能的火车，人们就不会如此辛苦了。他把这个想法和相邻而坐的乔治·派克教授随口聊了起来，派克教授颔首同意他的想法，暗自赞叹这个年轻人超凡的想象力和善良的本性。

可是那时，毕竟爱迪生精力有限，他把主要精力都放在了对电灯事业的研究上，只是偶尔想起这个曾经的想法，也会研究一番。他记得还是在底特律大干线上卖报纸的时候，那时候每天都去底特律图书馆读书，其中有本书记载了在1837年有个英国人曾经制作了一辆由电池作为驱动力的车；1850年美国也有人提出想制作用蓄电池作为动力的电车；直到1879年德国的西门子公司公开展示了一台使用3马力发电机作为驱动的5节列车，当时乘坐了30名乘客，每小时行驶24公里。只是这第一台使用新型发电机作为驱动的新型机车致命的弱点是它的绝缘能力很差，它只有在晴天的时候才可以使用，所以不适用于推广。对于电车，爱迪生更有自己独特的想法，他完全可以不参照原有的机车，而设计出一种更先进、马力更大的电力机车。如果不是因为正在全身心地攻克白炽灯难题，可能爱迪生的电力机车早就开始实验了。

一天，门罗公园来了一位特别的客人——北太平洋公司总裁亨利·皮奈特。在与爱迪生交谈的过程中，皮奈特突然提起："使用蒸汽机作为动力的机车行进到隧道里时，由于通风不畅，动力锅炉所产生的煤烟非常呛人，无论乘客还是工作人员都很不舒服，如果能有一种清洁的动力代替蒸汽机就好了。"这让爱迪生猛然想起被自己搁置已久的电力机车项目。他在发明电灯的时候根据需要已经研发出了强力发电机，现在只需要把它改为电器马达，制造出电力驱动的机车应该是件很容易的事情。皮奈特一听，表现出极大的兴趣。他问爱迪生大概需要研究多久可以得到结果，爱迪生略微沉吟了下，说半年左右就可以。皮奈特立即表示愿意为此提供研究经费，但使用权必须归北太平洋公司所有。爱迪生表示同意，随即双方签订了协议。爱迪生马上又开始投入到电力机车的研制中。

1880年的5月，人们突然发现门罗公园里铺设了枕木铁轨，铁轨由门罗公园的实验室开始，沿着一条蜿蜒的小路绕过刚刚泛着草青色的山丘，经过急坡缓路，曲线等各种路况再迂回到实验室，长度约为1/3英里。电流由两台发电机输入铁轨，第三台发电机作为马达安装在四轮铁架火车上。然后，运用摩擦力的原理将动力输送到电力机车的驱动轴。附近的人们很好奇，不知道这位伟大的“魔法师”又有什么奇迹给大家展示。

首次测试的时候，电力机车刚刚启动，就突然发生了故障。爱迪生及其助手们迅速查找原因，原来是摩擦齿轮组因为启动过猛而断裂。一班人马立即拆下损坏的零件，爱迪生认真分析了故障原因，改进了方法，重新使用了一套皮带传动装置，在传动带上加装了一个定滑轮，运用杠杆原理，使皮带拉紧从而带动列车前进。第二次测试开始了，这台看起来还不算漂亮的电力机车后面挂着两节车厢慢慢启动，拖着两节车厢“穿山越岭，迂回曲折”，顺利地走完了这1/3英里的路程。可别小看这电力机车，尽管它装置简单，能力却不可小觑，它可以达到每小时60公里的速度，具有12匹马力，比德国原来设计的那款电力机车性能优越很多。1880年年底，爱迪生提出了关于电力机车系统的第一份专利申请。他对电力机车这个项目充满了信心，心中描绘出未来的电气化铁路，让这种无污染的便利快捷的电力机车取代充满煤烟味的蒸汽机车系统服务于社会，让电气化铁路像他的电灯事业一样延伸到世界各地。

与任何一次的发明一样，这个发明也同样引起了很多反面的意见。有人说：“蒸汽机车已经存在了，这个电力机车根本没有必要去研究，纯粹是浪费。”“电力机车是替代不了蒸汽机车的。”不同的声音此起彼伏，他们看不到电力机车潜在的市场。爱迪生也和往常一样，完全不予理会，为了实现着自己的梦想而执著努力着。

经过多次实验和反复的改进，电力机车已经初具雏形。爱迪生在研制电力机车的消息渐渐传了出去，越来越多的人都想来门罗公园一睹为快，甚至要求搭乘电车，门罗公园的研究人员每天都忙着接待大量等待参观的人。

门罗研究所的法律顾问洛雷博士也专程从纽约赶来，来参观这个人们褒贬不一的新发明。爱迪生笑着对他说：“怎么，你也不信我？一会儿让你来亲自体验下。”说着，他们来到这列电力机车前，和几名自愿来体验的乘客一同登上了列车。这次，是由克鲁西亲自做司机，列车缓缓启动后，渐渐加力，很快就达到了每小时60公里的速度。爱迪生在铺设铁轨的时候，有意设置些急坡和曲线，就是为了测试电力机车的稳定性。但是现在，机车在爬上一个急坡的时候突然发出很奇怪的声音，爱迪生马上叫克鲁西制动停车。可是由于惯性，车不可能马上停止下来。在转过一个迂回的曲线时，整个车身倾斜下来，在众人的惊叫声中冲出了轨道……车上的乘客包括爱迪生和洛雷都被摔出车厢外。好在铁轨是围绕着起伏不大，长满青草的小丘陵地铺设的，除了司机克鲁西，没有其他乘客受伤。爱迪生赶忙起来，一边安抚着惊魂未定的乘客，一边照看受了轻伤的克鲁西。

由于在这次实验中列车脱轨，爱迪生再次成了众矢之的。很多人责怪是爱迪生导致了这场事故，爱迪生却不这么认为，他认为任何一次失败都会暴露出种种缺陷，是在为成功积累经验，更是很好的教材。果不其然，爱迪生就在这次的教训中获得一个灵感：在列车行驶途中，如果发生紧急情况，可以利用相反的电流，产生相反的力量来阻止列车的前进，这样就可以及时制动。因此，爱迪生又发明了电气制动器。

爱迪生在研究白炽灯的同时，也在门罗公园的铁轨上不断地完善改进电力机车的性能，也因此发明出很多相关的配置，申请了专利，真是名副其实的发明大王。

1881年9月，电力机车的发展又有了一次很大的飞跃。爱迪生研制了两台大型电力机车，最高时速为96公里，可以载客90人。爱迪生在北太平洋公司总裁皮奈特的赞助支持下，将门罗公园周围的铁轨扩展到3英里，并模拟真实铁路的情景加装了错车道和转撤器。皮奈特看到了电力机车光明的未来，他继续激励爱迪生："如果你可以把电力机车的成本减低到蒸汽机车的费用之下，我立刻投资修建50英里长的电气化铁路。"对于爱迪生来说，这的确是个振奋人心的好消息。可是，让人难以预料的是，没过多久皮奈特先生竟然破产，无法继续为爱迪生提供赞助经费。而更加不可思议的事情是，已经破产的皮奈特先生只身来到门罗公园，他对爱迪生说："我一定信守承诺，继续支持你的研究，尽可能地为你提供研究经费。"这个举动，让爱迪生深深感动。如此重信守义的商人实在是难得啊！他安慰皮奈特说："先生对我的帮助，当永生不忘，电力机车正是因为您的帮助才有了今天的成绩和发展。我们的友谊将会继续延续，我非常理解您目前的处境和难处，那个协议我就当没签好了，电力机车我会继续研究。我相信您一定可以克服困难，东山再起。"

10年之后，皮奈特果然再度成为北太平洋铁路的总裁，他并没有忘记曾经的约定。找到爱迪生，继续他们的协议内容，拟订了开发西部山区的电气化铁路的计划。

在爱迪生痴迷于电力机车的研究同时，有一位叫做菲尔德的年轻人也对电力机车有着深刻的研究。众多的资本家已经看到了电力机车能够广泛应用的美好前景，他们促成了爱迪生与菲尔德的合作，于1883年注入200万美元的资金成立了"美国电气铁路公司"，几个月以后，爱迪生与菲尔德在芝加哥博览会上联手打造了一条专供表演用的铁路，也是1/3英里长。6月5日博览会隆重开幕，展示期间，经过改良的电力机车"法官号"广受好评。"法官号"共有三根铁轨，居中的一根是向列车输入电流的，余下的两根作为回路，表演时可以一次载客20人，在博览会上成为了最热门的展览项目，在展览期间共行驶了466英里，载客总数26000人次。当时最具权威的杂志《电力世界》给予了电力机车很高的评价："它的性能超过了国家境内所有的蒸汽机车，既无马蹄的声响又无蒸汽机车带来的污染，我们有充分的理由相信，在不久的将来，电力机车将取代马车和蒸汽机车。”

芝加哥博览会闭幕后，爱迪生把在那里展览铺设的电气化铁路搬迁到路易斯维尔，这里的居民对这种无烟无火，安全实用的机车很感兴趣，每天来参观试乘的人络绎不绝。

对于电力机车的研究，爱迪生已经取得了很大成果。但是由于种种原因，这个梦想实现得非常曲折。其中原因有很多，最重要的是，在当时的年代，马车和火车有着悠久的历史，如果是短途，很多人更喜欢选择便利的马车悠然出行。长途，已经习惯了冒着浓烟的蒸汽机车，几十年的历史和人们已经形成的习惯，很难让电力机车事业有所进展。另外，由于当时爱迪生正把白炽灯的研究作为主要工作，没有更多的精力来投入到这个领域。再加上合股的公司内部产生分歧，导致不和，最后美国电气铁路公司宣布破产。这一点让爱迪生感到非常遗憾，但又无可奈何，毕竟他心中最重要的事业还是研制白炽灯！

电力机车，这颗冉冉升起的新星的光芒始终被白炽灯的光芒所掩盖。同时，也是因为白炽灯的普及和推广带动了电力事业的发展，而电力事业的蓬勃发展，使各个工业部门中的蒸汽机逐步被电动机所取代。几年后，纽约中央公司正式成立，再次选择了电力机车。电力机车再度成为人们的焦点，可就在此时，爱迪生又创造了另一个奇迹“电影”，又转移了人们的视线，风头立即盖过了电力机车。尽管电力机车在当时未能推广开来，但它对当时社会生产力所产生的巨大推动作用，不亚于一场工业革命。

4. 命运交响曲

从1881年的冬天起，爱迪生的工作总部已经转移到了纽约第五大道的65号楼，只有在需要有大型实验的时候，他才会去门罗公园偶尔看下。他的家眷也被接到纽约，与他共同生活。但是到了夏季，玛丽和孩子们非常怀念在门罗公园开心嬉戏的日子，那里的环境清幽，更适合于避暑。所以，每年的夏季，玛丽会带着孩子们回到门罗公园生活一段时间。

1884年的夏天，玛丽照常带着孩子们返回了门罗公园。这个时候，他们已经有了三个可爱的孩子：11岁的大女儿杜蒂，8岁的儿子达西和6岁的小儿子威廉。这三个天使一样的小宝贝一回到门罗公园，就像被放飞的小鸟，快乐地嬉戏玩耍，呼吸着这里湿润清新的空气。相对于纽约的繁华，他们似乎更喜欢这里的田园生活。

玛丽是个百里挑一的好女人，自从爱上这个工作狂一样的男人，她就知道自己已经注定了要为他奉献一生，她深深地理解和支持爱人的事业。即使在新婚之夜，她的新郎依然在忘我的工作，可她竟然毫无怨言。同样，这也使爱迪生一直感到非常愧疚，深爱着她。

由于爱迪生已经把自己的全部身心投入到自己的事业中，对于家庭很少顾及。他虽然也爱着自己的妻子玛丽和他的孩子们，可他就是觉得时间和精力太不够用了，每天都有做不完的事情在等着他。他又是个不善表达的男人，让孩子们总觉得爸爸不如妈妈可亲。还好他足够幸运，能够遇到玛丽这样的好女人，为他照顾家庭养育儿女，独自承担了所有的风雨。

每年来避暑的时候，玛丽都会带着孩子们来到门罗公园里的小山上，一起玩耍。偶尔会摘些好看的花草夹在书里，制成特别的书签。可今年来了没几天，玛丽就感觉不舒服，开始她以为自己不过是有些着凉感冒，吃点药就会好的。可谁知，病情越来越重，高烧不退，身体越来越虚弱，终于卧床不起。玛丽的妹妹爱丽丝接到消息，迅速赶来照顾姐姐，并请来了医生。诊断的结果让大家如雷轰顶，玛丽感染了在当时致命率极高的伤寒。

一种不安的情绪笼罩着门罗公园，这里本来就因为爱迪生的研究基地迁往纽约而显得落寞冷清。偌大的实验室都挂满了蜘蛛网，好久都没有人出入。后面的住宅里，也因为这病会传染而把孩子们与他们的妈妈隔离开，只有爱丽丝与医生可以出入。玛丽的病情很快就转重，几度陷入昏迷。爱丽丝难过地想尽快让在纽约忙碌的姐夫回来，可清醒过来的玛丽坚决不同意，她怕丈夫知道后会因担心自己而放弃在纽约的工作，无奈的爱丽丝只好继续隐瞒着这个不幸的消息。终于，医生意识到玛丽的病情恐怕难以治愈，背着姐妹俩偷偷地给爱迪生写了一封信，明确地告知他夫人的病情。接到消息的爱迪生心急如焚，立刻放下手中的工作，火速赶回门罗公园，见到了久别的妻子。看到自己心爱的妻子已经被病魔折磨得脱了人形，忍不住潸然泪下。他想起了逝去的妈妈，祈祷上帝不要再让他失去亲爱的妻子。他守在玛丽床前，亲手为她做冷敷，就为了能让她舒服一些，不断更换着毛巾。可他日夜守候的深情依然没能挽留住玛丽离去的脚步，在1884年的8月9日凌晨，玛丽走完了她短暂的一生，像天使一样回到了天堂。她的离去，让爱迪生备受打击。“你们的妈妈走了，再也不会回来了……”他毫不顾忌地搂着他3个年幼的孩子号啕大哭，恸哭声使整个门罗公园都沉浸在无尽的悲伤里。

爱迪生于12日在门罗公园为玛丽举行了一个隆重的告别仪式，到场吊唁的有400多人。吊唁仪式完毕后，爱迪生按照习俗把玛丽的灵柩铺满鲜花，用火车运送玛丽回故乡——纽瓦克，并下葬于纽瓦克附近的快乐山上。

自己失去了深爱的妻子，3个可怜的孩子失去了亲爱的妈妈，巨大的痛苦让爱迪生消沉了很久。他知道玛丽对他从来没有太多的要求，他在家庭生活方面付出得很少，而玛丽一直都在等待，他对玛丽满含歉意。在玛丽走后的一年半的时间里，爱迪生感到了从未有过的孤寂，往日温馨的场景一幕幕回映在他的脑海里：当他昼夜奋战在实验室时，是玛丽送来可口的饭菜；天气转凉时，是玛丽为他添置新衣；深夜疲惫地回家时，是玛丽为他准备好热腾腾的夜宵。之所以他能够全身心地投入自己的事业，玛丽功不可没，是她让他完全解除了后顾之忧。如今，他不仅要继续自己的工作，同时还要照顾3个年幼的孩子，又当爹又当妈，辛苦过后心里更苦。在众人的劝说下，他无奈地把两个年幼的儿子送回到外婆家，身边只留下大女儿杜蒂，这样会比较轻松些。

此刻的门罗公园令他睹物思人，留给这位伟大发明家的只有无尽的悲伤和回忆。他决定把房屋出租，将余下的仪器设备统统搬走。渐渐地，门罗公园在岁月中没落，老屋由于雷击而焚毁，灯泡厂也在意外中烧毁，其他的房舍也都被附近的农夫养鸡、养猪、养牛占用后渐渐废弃了。

为了排遣寂寞，爱迪生常常带着12岁的大女儿杜蒂去剧院，回家后让女儿重唱给他听。善解人意的杜蒂像极了她的母亲，给他做饭，代他买雪茄，为他唱歌解闷，温柔细心地照料着她的父亲。爱迪生也把无尽的爱倾注在女儿身上。

爱迪生尝试着改变自己的生活，他尽可能多地参加朋友们各种聚会、宴会，并大量购买奢侈的新衣服、鞋子，观看各种演出、音乐会。可是，一时的繁华过后还是排遣不了心中的孤寂。他实在无事可做的时候，就躲到房间里阅读那些高难度的书籍。他的这些行为无非是想抹掉心中的伤感。

亲朋好友们看到爱迪生如此沉沦在痛苦之中，都暗自留心为他寻找合适的伴侣。基里兰德是一位富商，他曾经是爱迪生在波士顿做电报技师时的同事，后来成为了常来常往的好朋友。有一次，基里兰德的太太邀请爱迪生来她家里参加个聚会，爱迪生就在这里结识了一位年轻漂亮的姑娘——米娜·米勒(Mina Miller)，是俄亥俄州亚克朗的路易斯·米勒(Lewis Miller)的女儿。当时，米娜只有18岁，是一位有着褐色皮肤，黑色头发的文雅女孩，浑身散发着迷人的魅力。爱迪生几乎是对她一见钟情，毫没顾忌两人之间20岁的差距。同时，爱迪生稚气单纯的性格也让米娜心生爱怜，她很崇拜这位伟大的发明家的聪明才智，为他孤独的生活感到难过。心地善良的米娜接受了爱迪生的求爱，很快两人陷入热恋之中，此刻的爱迪生仿佛获得了新生一般，重新又注入了生命的活力。有一次，他们和朋友们同乘一辆车，浪漫的爱迪生用莫尔斯码向他美丽的恋人示爱，问她是否愿意嫁给他。米娜很快就用莫尔斯码回复：是的。两人深情相视，彼此用眼神和莫尔斯码亲昵地沟通，坐在车里的其他三个人竟然毫不知情。

1886年2月24日，爱迪生将在阿克朗迎娶米娜。消息传出，轰动了整个阿克朗，车站的站台上由米娜家装饰精美高大的马车迎送宾客，所有的人们都在赞叹着这一对郎才女貌的新人，为他们祝福着。婚礼在下午3点举行，长长的红地毯从米娜家里一直绵延到可以俯视全城的小山丘上。在一座华美的殿堂里，身披洁白婚纱的美丽新娘由爸爸米勒交给了新郎爱迪生，在所有来宾的见证下，二人在壁炉前深情款款共同起誓，相约彼此忠诚相伴一生，爱迪生亲手为他心爱的新娘戴上了镶嵌着钻石的珍珠项链，作为爱的信物。整场婚礼由第一监理会的杨格博士证婚，爱迪生的助手们作为男方的代表与大家一起祝福一对新人。婚礼举办得特别隆重，很多科学家以及社会名流都发来贺电并送来各式各样的贺礼。

婚礼后，爱迪生携新娘乘坐一辆豪华的马车来到车站，前往佛罗里达度蜜月。回来后不久，爱迪生在位于纽瓦克西北的西奥伦治买下一所漂亮的房子，巧的是这座房子也是坐落在一所公园里，名字是勒威林公园。爱迪生接来了杜蒂和她的弟弟们，大家共同生活在一起。杜蒂很喜欢这个新家，这个新家比门罗公园的建筑好很多，既宽敞又漂亮，碧草茵茵的草坪上坐落着一座具有三角形尖顶的维多利亚式建筑，窗户上镶嵌着彩色玻璃，阳光透射进来的时候，折射出七彩斑斓的光影，煞是好看。推开房门，还有着曲折的大露台，像童话里的城堡一样，可以捉迷藏。米娜妈妈的善良宽容让姐弟们在这里感觉很开心，重新找回家庭的温暖。

爱迪生还在公园里建起一座占地一英亩左右的玻璃房，作为图书馆和展览馆。不仅如此，他还雄心勃勃地计划着在半英里外设计一所比门罗公园更完善的大型科学研究所。

1887年，一座在当时世界上规模最大、设备最齐全的私人实验室在勒威林公园落成。它坐落在方圆两英里的园地上，长约250英尺，有三层楼，使用面积达到6万平方英尺。里面设有机械厂、摄影部、办公室、绘图室、精工室、幻灯室、气泵室、图书室和电工实验室等各部门，应有尽有，非常齐全。四面还建有四座平房，其中的图书室拥有藏书6万册，还收集了过去50年间世界各地出版的科学杂志，报纸以及各大学发表的研究论文，一应俱全。爱迪生宏伟的计划终于实现了，在以后的几十年里，他大部分的发明创造都是在这里完成实验的。

爱迪生终于从失去玛丽的痛苦中走了出来，重新获得了幸福生活。更让他感到开心的是，米娜也喜欢读书和听音乐，与他有着共同的爱好，而且非常通情达理、善解人意，对于杜蒂和她的弟弟们格外关心和照顾，尽管她比杜蒂大不了几岁。杜蒂也很喜欢这个新妈妈，因为年龄相近，有时候更像是一对姐妹。几年以后，米娜又为这个大家庭生下两个儿子和一个女儿。

逐步恢复活力的爱迪生再度振奋，雄心勃勃地策划着在西奥伦治谷地建立一系列工厂，专门生产投资少收益大的产品。他还有个类似于诺亚方舟一样的梦想，就是收集储存各种材料，他用来登记材料的表册有好几部，其中有矿石类、金属类、植物类、织物类等众多的种类，还包括一些诸如猪鬃、人发、龟壳、牛角、鲨鱼齿等很奇怪的自然材料。

而爱迪生实验室目前的主要工作，是解决当时电力照明事业所带动的许多新的课题。在这个实验室，众多专业的人员都围绕着爱迪生提出的主要课题来有组织有计划地进行研究工作。这个研究室也就是现代科学研究组织的雏形，推动了后来各种各样的研究所相继出现。

爱迪生在勒威林公园的日子里生活幸福美满。现在，他越来越珍惜和家人在一起的时光。7月4日这天，是美国独立纪念日，每逢这个节日，全美大大小小的教堂钟声齐鸣，举国上下尽情地欢乐。爱迪生也会在这一天休息一天，一大早他就把孩子们叫起来，一起来到别墅旁绿草如茵的山坡上做游戏。他先把鞭炮分为四等分，三个孩子每人一份。然后他点燃鞭炮，丢向光着脚丫的孩子们的脚边，兴奋的孩子们在草地上尖叫着跳起来，不断闪躲着脚下火光四射、噼里啪啦炸裂的鞭炮。等鞭炮声停息，父子们即刻转换角色，孩子们开始疯狂地“报复”他，也逼着他脱下鞋袜，向他脚下丢鞭炮。爱迪生也像个孩子一样蹦跳闪躲着，高声尖叫着，孩子们开心极了，此刻的爱迪生尽情享受着天伦之乐。

5. 愉快的欧洲之旅

1889年秋天，世界博览会将在法国巴黎举行。这一次的博览会不同往常，因为1889年是法国建国100周年，这一年在此举行的世界博览会也被称做“百年博览会”。

爱迪生是当时最有名望的发明家，每一年的博览会上都会有他的发明展出，如果他能亲临现场，更是锦上添花。法兰西政府发来诚挚的邀请函，邀请大发明家爱迪生前去参加。开始的时候，爱迪生并不想去，因为他手头还有那么多的工作需要去做。可是，新婚的妻子米娜希望他可以借此机会放松一下心情，也可以得到一个增长见识的好机会。爱迪生听从了米娜的意见，并且决定带着米娜和大女儿杜蒂一同前往。

1889年的8月3日，爱迪生携夫人米娜和女儿杜蒂乘船横渡大西洋前往法国巴黎。

法国的初秋，天高云淡，街道上落满斑斓的落叶，踏上去软软的像是铺了厚厚的地毯，两旁随处可见古老而优美的欧式建筑，广场上随处可见的鸽子或是悠闲地散步，或者三三两两聚集在一起，啄食着游客丢给它们的面包屑。雍容的秋色装点着金色的巴黎，如同一幅绚丽浓重的写意油画。随行的米娜和杜蒂感到非常开心，她们随同爱迪生游历了法国的风光美景，领略了异国他乡的风土人情，增加了很多见识。

到了博览会开幕的那一天，法国的卡诺总统亲自致开幕词。讲台上摆放的是两架留声机，专门收录了他的讲话。灌音后的两架留声机，一架由法国政府永久保存，另一架由它的发明者——爱迪生亲手转赠给当时的美国总统哈里森作为纪念，这让米娜和杜蒂感到了无上荣耀。

在展览会的大厅中央，竖立着一个巨大的白炽灯模型，大约有40英尺高，由2万只灯泡组成，两边有用彩灯装饰组成的美国和法国的国旗。马尔斯教堂是举世闻名的大教堂，这次博览会的中心会场就设在这里。在博览会的展馆里，标有“爱迪生”名字的展览厅占据了美国馆的三分之一，足足有一亩地那么大，并陈列展示着爱迪生的各种发明。在入口处，用彩色灯泡组成的爱迪生的名字彩光熠熠。最吸引人的就是留声机，这个令人感到新奇的会讲话的机器，不断用各种语言向众人问好，为他们演唱各国著名的民间歌曲。在展览厅的门口，有个由灯泡组成的巨人神气十足地守候在这里，它的头部由彩色灯泡拼成“爱迪生”的名字，底座足足有20英尺高，前来参观的人们如潮水一般涌来。

在巴黎，爱迪生成了万众瞩目的人物，无论他走到哪里，友善的法国人追随蜂拥着他，就为了一睹这位传说中的魔法师的真颜。人们高喊着“Vive Edison!”，法语的意思是："爱迪生万岁！"除了另一位发明家本杰明·富兰克林之外，巴黎民众以前从未对一位美国人如此感兴趣，这完全是爱迪生的个人魅力所致。法国的各界名流纷纷邀请爱迪生参加各种宴会和演讲，常常是这顿饭还没吃完又要赶往下一个宴会，这让爱迪生一家感到应接不暇。法国总统卡诺正式接见了爱迪生，并且颁发给爱迪生一枚金质奖章，并赐予他"法国荣誉团团长"称号。

举世闻名的埃菲尔铁塔就是为了这次的博览会而建造，高达300公尺以上，是当时世界上最高的建筑物。在新落成的埃菲尔铁塔下，爱迪生参加了一次别开生面的盛大欢迎宴会，足足有9000人参加。这是法国土木工程师学会特意为了欢迎爱迪生而设计的，这里不仅有举世闻名的建筑，还有享有盛誉的法式大餐。已经71岁的著名的法国音乐家查尔斯·佛朗西斯·古诺在这次宴会上演奏了一首他谱写的曲子以表达对爱迪生的敬意，全场欢声雷动，演出后古诺将自己签名的乐谱送给了爱迪生夫人。这是爱迪生最开心的一次宴会，爱迪生一改往日的沉默，与这些科学家把酒言欢，畅所欲言。尤其是在这里遇见了法国杰出的科学家巴斯德，是让爱迪生最兴奋的一件事。巴斯德专门研究细菌学，他的研究成果对医学、农业、酿酒等方面有着重大贡献。这两位举世闻名的科学家津津有味地谈了很久。后来他又接受了巴斯德的邀请去参观他的学院和他研制的疫苗，爱迪生饶有兴致地亲眼观看了巴斯德是怎样给人注射疫苗的，这让他大开眼界了了解了在医学领域的先进科技。

博览会上的热潮一直延续到欧洲的其他国家。意大利国王亨新尔特派出特使到法国，赐予爱迪生爵士勋章，册封他为伯爵，爱迪生夫人为伯爵夫人。《费加罗报》报馆也邀请了许多有名的作家和戏剧家共同来宴请爱迪生。在这次宴会上，爱迪生遇见了他最想去拜访的人——法国著名摄影家马雷博士。这次会晤，对爱迪生今后在探索有声电影的事业具有重大意义。忙里偷闲的爱迪生参观了马雷博士的工厂，亲眼看到了马雷博士的“电影枪”和一种可以连续显示照片的装置，他天才的大脑里已经开始有了关于电影的雏形设计。

离开巴黎后，爱迪生一家游历了欧洲的很多国家的著名城市，如德国的柏林、英国的伦敦、意大利的罗马，所到之处都会受到当地的热情欢迎，热闹的场面丝毫不逊色于在巴黎受到的礼遇。米娜和杜蒂深深地感受到身边这个看起来并不起眼的男人是多么了不起。但是，爱迪生总是谦虚地说，他获得的荣誉都应该给他的祖国。

爱迪生觉得他在1889年秋季的这次欧洲之旅，非常值得。原因之一就是他已借此机会将他设立的公司的所有权的大部分出售，卖给了一些银行家。现在他可以不需要在生意上花费他的过多时间，而把更多的精力投入到科学研究实验的事业上。这些重要的买主之一便是亨利·维拉德，他是那些欧洲银行家的代理。而爱迪生工厂的另一部分被纽约著名的摩根银行买下了。通过他们的积极参与和支持，爱迪生电气总公司成立了，维拉德被推选为这家新的大公司的会长。爱迪生拥有它的一支小股份。

现在，爱迪生不需要为金钱而发愁，但是他更喜欢忙碌的工作。

在西奥伦治的新生活开始后，爱迪生开始意识到要坚决地捍卫自己的专利权利，对侵犯他白炽灯专利的人采取了强硬法律措施。从1880年开始，社会上有很多侵犯爱迪生专利的例子，他们模仿和利用爱迪生的各种发明来制造产品牟利，严重侵害了爱迪生以及他的公司股东们的利益。他为了保护自己发明的电灯系统而提出了200多起诉讼。

在此之前，爱迪生保持沉默的主要原因是他对专利法持有怀疑态度，他认为现有的专利法毫无正义可言。他曾经因此失去了碳阻电话在德国的专利权，同时另一项专利也受到影响而作废。而且，在诉讼过程中，由于各个法庭之间的扯皮，浪费了他大量的精力和时间，完全失去了诉讼的目的，爱迪生认为这很不值得。所以，他放弃了大多数的专利维权的利益。

但是在19世纪80年代中期，爱迪生在关于维护专利权利益这个问题上，观念有了很大改变。从那个时候起，爱迪生就不断地提出200多件诉讼，旨在保护有关自己电灯系统的利益，其中有50项专利诉讼被立案审理。1885年5月，爱迪生为了维护自己的专利权益，先后向美国电灯公司、联合电灯公司以及其他公司提起诉讼，但由于精力有限，只有对前两家公司的诉讼坚持了下来，对其他的小公司的诉讼案也就不了了之。他决定，在法律允许的最大范围之内，起诉并惩罚所有未经本公司允许而生产、销售、使用白炽灯的人。安抚本公司的用户可以放心不会因此而受到任何损失，警告那些未经过爱迪生公司授权许可的使用者，将会面对重大经济赔偿。他甚至在第二年印刷了一本小册子，为侵权者列了一张清单，其中写道："……为了让您清楚地知道您需要为此付出的代价，我们向您提供一种保守的计算方法：每盏原装电灯赔款25美元，每更新一次赔偿2.5美元，尽管您的巨大损失是我们所不愿意看到的，但又有什么办法呢？……"可是爱迪生的这种行为并未起到预期的效果，美国电灯公司依然掌握着大量的电灯专利。由于法官的种种刁难，美国境内的种种诉讼自动撤销，英国的诉讼也被撤销，加拿大境内的诉讼，法官认为不合理，不予受理。

到1889年，爱迪生公司的专利权益情况获得了巨大的转机，加拿大的农业部长为爱迪生提起的电灯侵权案翻了案，允许爱迪生重新起诉美国电灯公司。在英国的案件也有起色，爱迪生重新起诉，经过审理核实，下级法庭的判决被推翻。紧接着使用索耶—曼专利的联合电灯公司对爱迪生的起诉被驳回。到1892年的年底，爱迪生重整旗鼓，终于可以使用法律武器来维护自己的合法权益了。

由于专利权问题，爱迪生投入了大量的人力物力，到1900年，爱迪生在案件诉讼上花费了近200万美元，而且他需要接受律师询问，查找证据，出庭作证等，占据了这位伟大的科学家很多宝贵的时间，这让爱迪生苦恼不已，造成了很大负担。

爱迪生是个惜时如金的人，他要把浪费的时间补偿回来，所以，他会忘我地工作，通常都是早上第一个到实验室，先检查头一天的工作情况，然后埋头做自己的实验。到了中午吃饭时间，他会接待来访的客人，或者与公司的科研人员探讨一些难以解决的问题。下午，他会去检查助手们的工作，做一些指导，并安排好科研计划。因为在这个实验室里，不会有什么独立的研究，而是大家围绕着爱迪生提出的主题分工协作，爱迪生的思想就是这个实验室的动力。

早在纽瓦克的工厂里，爱迪生就显示出非凡的领导才能，他具有很强的凝聚力。让那些在各个领域里本是精英的人才都能为他所用。他之所以获得今天巨大的成就，这些优秀的助手功不可没，他们是一个优秀的团队，而爱迪生就是这个团队的重要核心。爱迪生在高兴的时候经常和大家开玩笑，急躁的时候也不免会对助手们进行粗暴但无恶意的批评，他的助手们都非常理解，毫无怨言，没有人会介意爱迪生的态度。因为他是那么出色，那么让人佩服，他几乎可以独立操作所有的设备，谙熟各种技艺。他会亲自在工作台上去演示某项工作该怎么去做，这不能不让所有的员工为他折服。

爱迪生非常重视自己公司的形象宣传，并且身先士卒，热忱地接待每一位勒威林公园参观的来访者。有时间的话，他甚至愿意为大家充当导游，如数家珍地讲解着这里的与众不同。参观之后，他还要主动征询访客的意见，耐心地与大家交谈，亲切得就像邻家的大叔。

爱迪生很会利用报纸为自己和自己的公司做宣传，使这些新闻媒介成为为他服务的工具。

Chapter5

THOMAS

第五章 传奇的一生

EDISON

1. 激烈的电流争锋

“金无足赤，人无完人”的道理，对这样一位光辉闪耀的伟大人物也不例外，他有时也会很幼稚地显现出一些保守固执的人性弱点。他为了保护自己直流电的市场利益，竟然不顾科学的论据，不惜采取一切手段打击和诽谤交流电，与特斯拉展开了一场激烈的“电流大战”，他所表现出的保守和顽固令人不敢想象，如玉之瑕疵成为了他光辉人生中的一道败笔。甚至为此与特斯拉结怨，而错失了1912年的诺贝尔物理学奖。

19世纪80年代，爱迪生凭借他对人类非凡的贡献早就成为了世界名人，享誉全球。1884年的一个深秋，一个28岁的年轻人站在纽约第五大道65号的办公室里，爱迪生手里拿着一封巴切勒写来的推荐信，一边看信一边打量着这个年轻人。信中写道：“我认识两位伟人，你是其中之一；另外一个就是站在你面前的年轻人……”这位年轻人，就是尼古拉·特斯拉，一位出色的塞尔维亚的工程师，能与自己崇拜的大发明家一起工作，是他莫大的荣幸。如今，他就站在这个具有神奇色彩的大发明家身边，心里不免有些激动。好在爱迪生爱惜人才，非常热情和蔼地接待了他。他仔细地阅读了巴切勒的推荐信以及特斯拉的简历，决定把他留下来试试看。

于是，他马上给特斯拉委派了一份工作。特斯拉知道爱迪生已经给了自己机会，心里很感激。自然很认真地去完成这份工作，爱迪生对他精益求精的精神也非常欣赏。但是特斯拉在工作中渐渐发现，交流电具有很多直流电所不具备的优点，于是大胆向爱迪生建议，可以采用交流电发电。可爱迪生似乎对这个提议不屑一顾，根本不予考虑。因为在爱迪生看来，由他制造的直流电照明系统已经足够使用了。固执的爱迪生根本听不进去特斯拉的建议，更不愿意放弃他投入大量资金进行改造的直流电设备。

尽管当时几乎所有人都认为交流电是不能够在实践中应用的，注重理论的特斯拉依然坚信交流电因为成本低、送电范围广而非常具有推广价值。而爱迪生当时的直流电供电系统由于无法在远距离下传送相同的电量，超过一公里电流就已经消耗殆尽，无法正常的供应。所以，这也让爱迪生很头痛，只得在每隔一公里的地方建一座发电站，要不就是把几台发电机连接在一起，以便产生更多的电流。为此，爱迪生付出了大量的人力物力。特斯拉再次向爱迪生建议交流电完全可以取代直流电，并且可以克服直流电的这些缺点。然而爱迪生始终对他的交流电观点持一种质疑和敌视的态度。

如果当时爱迪生可以接受特斯拉的建议转而研究交流电的话，恐怕人类历史就会改写，社会文明会更快得到发展。可事实却是，两个人因为观点不同而导致不和，由一件小事成为导火索，很快就分道扬镳。

有一次，特斯拉和爱迪生谈论起目前直流电的发电机的几种改革方案，爱迪生半开玩笑地说：“你若能做出来，我付你5万美元。”特斯拉经过几个月的研究，制订出了20多个新直流电发电机的改进方案，让这些发电机具有使用便利并能产出强大电流的特点。爱迪生也不得不佩服他，对这些新型发电机进行了多次实验，效果很好，爱迪生为这些发电机申请注册了专利权，用它们代替了那些老式机器，特斯拉完全获得了成功。可当他要求爱迪生兑现他的承诺时，竟换来爱迪生的一顿嘲讽：“特斯拉，看来你还不懂我们美式的幽默！”这让特斯拉感到十分意外，他想不通身为科学家的爱迪生为什么会抵制交流电？为什么不能信守承诺？而实际上，此刻的爱迪生对直流电的期望过高和资金的投入过大而深陷其中，无法自拔了。这件事，让特斯拉耿耿于怀，认为这里将不再有他发展的空间，也不值得继续付出。他感到深深的失望，毅然决定离开这个曾带给他无限梦想的研究所。

离开爱迪生以后，特斯拉得到了美国发明家和企业家乔治·威斯汀豪斯的大力支持，终于将交流电引向实际应用。1888年，特斯拉成功地研制出来一套交流电供电系统，不仅安装简单便利，大大降低了使用成本，而且他的变压器解决了直流电中途损失电流的问题。利用变压器可以把输入电路的电压提高，到可以分户入户之前再降下电压。

特斯拉在威斯汀豪斯地帮助下继续进行对交流电的研究工作。1890年，他发现了共振现象。并利用共振原理制造出了一个变压器，这就是今天的“特斯拉线圈”，它能够承受从几百到几千伏不等的极高的电压。到了19世纪末期，威斯汀豪斯和特斯拉已经获得了极大的成功，他们希望可以将已经成熟的产品推向市场。

爱迪生终于意识到了对手的强大，真正有了危机感。他开始研究交流电，但却不是为了开发利用，而是在交流电的弱点上做文章。他向人们宣传高压电的危险，甚至公然用小动物当场做实验，那些可怜的小家伙被放在铁板上，在接通了1000伏的高压电后，瞬间死亡。就这样，人们亲眼见证了交流电的致命杀伤力，造成了心理恐慌。同时，特斯拉也开始对爱迪生宣传攻势开始反击，特斯拉在大量的报纸杂志上宣传交流电的安全性，也在舞台上进行了很多真正的“电魔术”表演。这一切，都是为了向世人证明：当不被用在故意犯罪的目的时，交流电是非常安全的。

双方的电流大战愈演愈烈。交流电以适合远距离传送的优势逐渐在市场中占了上风。爱迪生为了夺回失去的市场份额，向立法委员会提出建议将使用交流电的电刑作为处死死刑犯的形式，纽约州1888年6月4日确认了电刑的合法性。由于爱迪生在幕后操纵，哈罗德·布朗将他的电椅安置在奥本州立监狱中。1890年8月6日威廉·凯姆勒成为第一个被执行电刑处死的杀人犯，走入奥本监狱的行刑室，他坐在电椅上终于被交流电杀死。从此，交流电被挂上了死神的标签。

爱迪生的这种实验方式只取得了一时的效果，在之后的几年里，交流电得到迅速发展。19世纪90年代初，世界博览会准备在芝加哥召开，展会的筹办方希望寻找到一套可以照亮整个会场的照明设备。当时，爱迪生公司和威斯汀豪斯公司是最热门的人选。为了获得这份订单，威斯汀豪斯开出了一份极具诱惑力的合同，他要以超低的价格来从爱迪生手中抢到这笔生意。1893年1月，博览会如期开幕，9万多盏由特斯拉的交流电点燃的电灯照亮了整个会场。交流电在这场电流大战中逐步取得胜利。

不久以后，美国要在著名的尼亚加拉大瀑布建造世界上第一座水力发电站，这曾经是爱迪生的梦想，爱迪生要不遗余力地争取到这个机会，直流电与交流电再次交锋。交流电具有电机结构比较简单，重量较轻，供电稳定还可以调高和调低电压等种种优势，建设方考虑到交流电系统的经济实惠和便于制造而选中了交流电系统，爱迪生的直流电系统再次受到重挫。威斯汀豪斯将设计制造任务交给了苏格兰工程师乔治·福布斯。福布斯制造出的一套设备使用了3个特斯拉的交流发电机，每台的功率为110千瓦，这组设备被应用到水力发电站的建设中。1895年，这个世界上第一座水利发电站建成了，交流电以远距离输送电流的优势将电流传输到距发电站35公里外的布法罗市，再次获得巨大的成功。这一事件宣告交流电彻底战胜了直流电，而爱迪生的直流电则瞬间就成了一种过时的技术。重创之后的爱迪生，也不得不接受这个残酷的现实。从此，交流电便成为了工业、商业和民用电的唯一选择。交流电成为主要输电方式后，为工业电气化解决了电力供应问题，人类社会的电气时代已经来临。

19世纪末展开的这场“电流大战”，让两位举世闻名的大发明家反目成仇。这两个人是两位性格截然不同的科学家，特斯拉就是一个灵感的天才，而爱迪生是一个努力的天才。爱迪生具有惊人的创造力和工业策划能力，是一位天才的实验者，但是由于他小时候对数学的错误认识，缺乏数学知识和复杂的理论洞察力。相反，特斯拉在当时的时代里是一位非常前卫式的人物，他的理论基础非常扎实，可以通过对现象进行精确的数学解析，因此完成了很多伟大的创造性工作。而爱迪生更喜欢因为个人愿望而去进行研究。特斯拉在设计任何设备之前都从理论的角度去分析问题，直到得出绝对有把握的结果，才会付诸实践。

1912年的诺贝尔物理学奖原来准备同时授予美国的发明家爱迪生和特斯拉线圈的发明者尼古拉·特斯拉。但是由于那场著名的“电流大战”，爱迪生和特斯拉几乎变成了仇人。特斯拉在得知自己和爱迪生共同被选定为诺贝尔物理学奖获得者，更是公开表示拒绝登台共同领奖。爱迪生知道后也拒绝领奖。最终，1912年的诺贝尔物理学奖转而授予了瑞典斯德哥尔摩储气器公司的达伦(Nils Gustaf，1869-1937)，以表彰他发明用于灯塔和浮标照明的储气器的自动调节器。爱迪生由于自己的偏执和狭隘与诺贝尔物理奖失之交臂。

瑕不掩瑜，爱迪生在“电流大战”中的所表现出来的狭隘行为并不能抹杀他对推动人类文明进步而做出的巨大贡献，他是一位很有经济头脑的实用科学家。他通过公司改组，重新整合各种资源，于1888年建立了爱迪生通用电气公司。他将他资助创建的新型工业的大多数控制权都移交给其他人，从而换取了大量的宝贵时间、精力以及足够的资金用来支持他在其他方面继续进行探索。

在进行实验的过程中，他得到了聚集在他身边的那些精英、助手的大力支持，他们是一个优秀的团队组合，爱迪生不是一个单枪匹马的发明家。他的很多想法都得益于他的助手们，而多种技艺的相互配合更是爱迪生发明工厂获得成功不可或缺的基础。

2. 活动电影的诞生

还是早在1887年，爱迪生看到女儿杜蒂玩着一种转盘画筒的玩具，那是在一个圆筒上贴着几幅画，画着人物鸟兽奔跑飞翔的连续动作，只要圆筒被转动起来，画面就会连贯重叠，在视觉上会觉得人物鸟兽真的在动。当时，爱迪生就在想：我已经为人们的耳朵发明了留声机，是不是也该对眼睛做点什么贡献呢？所以他想发明出一种器械，可以把声音和影像结合起来同时再现。想到这里，他立即召见助手——一个有才华的英国摄影师威廉·迪克逊，把这个想法向他陈述了一遍，并确定这个项目由迪克逊负责开发，而且专门布置出一间“第五实验室”供这项工作的研究使用。

迪克逊按照爱迪生的授意，制造出一架手摇的“留影机”，它与留声机的结构大致相同，手摇的大圆筒上包着一层照相底片，使用的时候将镜头对准人和物，慢慢摇动手柄，通过镜头拍摄在底片上连续不断的影像。但是由于手摇的速度不均匀，底片的材料也不合适，拍出来的效果不是很好。爱迪生马上分析原因，一面与摄影材料的制造厂商量，请他们帮忙制作一种涂有感光材料的赛璐珞胶片，一面重新分析研究，终于在第五实验室研制出一种与留影机完全不同的软片连续摄影机。可是，加工的那种赛璐珞胶片又厚又硬，无法卷曲。聪明的爱迪生又想出来一个办法：在胶片的边缘上剪出锯齿，用可以旋转的齿轮带动它，这样就可以均匀地控制拍摄影像的速度。可这种又厚又硬的底片材料并不是爱迪生所需要的。

直到1889年的5月30日，爱迪生兴奋地叫来迪克逊，向他展示了一架他刚刚得到的最新型的柯达照相机，这架相机拍摄出来的影像真实清晰，完全符合他的心意。正所谓好事成双，底片制造商又给他送来一卷用透明的赛璐珞制造的感光胶片，质地又薄又软，这让他很满意。爱迪生开心得像个孩子，举着相机和胶卷笑着喊："迪克逊，迪克逊，我们的问题解决了！"

第五实验室又开始了新的研究实验。迪克逊在实验中发现，新型的赛璐珞胶卷又滑又软，连续拍摄时很容易打滑，导致位置不准确。薄软的片基材料又无法剪成锯齿状，用齿轮带动。爱迪生天才的头脑稍加转动，就想出来一个更合适的办法：给胶片打洞。他在赛璐珞胶片两边，每幅画面各打四对洞眼，然后用齿轮带动牵引，效果比以前更稳定，速度均匀，画面位置准确。

就在新型摄影机在研究实验中的时候，法国政府邀请爱迪生前去参加世界博览会。本来他不愿意离开研究所，放下对摄影机的研究，可米娜的一句话让他心动了："出去旅行也是一种学习，看看外面的世界，增长见识，或许对你的事业会有所帮助的。”爱迪生对法国著名摄影师马雷发明的“摄影枪”早有耳闻，他非常感兴趣，希望借此机会能够见到马雷和他著名的“摄影枪”。于是，他答应了妻子的请求，并携带米娜和大女儿杜蒂一同前往。

在他这次长达两个月的欧洲之行，如愿以偿地见到了马雷博士。与马雷博士的一番长谈，更是让爱迪生受益匪浅。这次访欧之旅，对爱迪生今后探索有声电影具有非常重要的意义。他不仅有幸见到了马雷的“摄影枪”，还在马雷博士的亲自陪同下参观了他的工厂，并在那里看到了一种连续显示照片的装置。

当爱迪生从欧洲载誉归来，他不顾旅途疲惫，马上来到他的第五实验室询问摄影机的实验进度。让他万分惊讶的是：在他出去游历欧洲的两个月中，这些精明能干的助手在迪克逊的带领下，已经把他的设计草图变为了现实，而且完成制作了世界上第一部电影。

他被助手们簇拥着坐到第五实验室的摄影室中，紧盯着一块白色的屏幕，静静地等待着奇迹的出现。随着室内灯光转暗，一束亮光照在屏幕上，上面竟然出现了迪克逊高大的身影，只见迪克逊越走越近，摘下他的帽子，鞠躬笑道：“早上好，爱迪生先生，我们很高兴您回来了。关于活动电影，我们完全按照您的吩咐去做的，不知道您是否满意？”片段虽然不长，却已经创造了一个新的奇迹。

当天夜里，爱迪生兴奋得睡不着觉，一边哼着歌，一边在屋里转个不停。米娜经过几天的海上颠簸和晕船的折磨，身体还没有完全恢复，她躺在床上看着不知疲倦的丈夫，奇怪地问：“看你高兴的，是不是有什么新鲜的事啊？”当她听到活动电影实验成功的消息，竟然兴奋得从床上跳起来，亲吻着丈夫向他祝贺。爱迪生得意地笑道：“是啊，比起那个调皮的灯泡来，总算顺利多了。”

在接下来的日子里，他和迪克逊共同研究活动电影的改进工作。但是，他们之间在研究目标上存在一些分歧。迪克逊是想尽快研究出大屏幕投影，而爱迪生想集中精力去改进活动电影放映机。在爱迪生看来，这个放映机已经有了很好的基础，应该很快就可以实现。

1891年5月20日，爱迪生在勒威林公园的第五实验室向众人公开展示了一台“活动电影视镜”，它在内部由一台电动机带动50英尺长的胶片从人们观看的放大镜前通过。观众从透视镜里的小孔进行观看时，急速移动的影片，便从放大镜下面构成了一幕幕活动的画面，明亮传神，活灵活现，让观看的人们惊讶不已。消息传出后，很多商人急不可待地要求买断这个新发明，然而，爱迪生认为这个放映机还不够理想，技术也不够成熟。同年，爱迪生申请了活动电影放映机的专利，但他忽视了在其他地方申请这项专利，以致后来给他带来很大的麻烦。

为了寻求自己需要的那种长胶卷的材料源，他找到了伊斯曼·柯达公司的创始人——“摄影王”乔治·伊斯曼，寻求他的帮助。经过伊斯曼的大力支持与配合，一种由赛璐珞为基材的底片问世了，人们称之为“伊斯曼底片”。爱迪生活动电影的试验顺利进行着，这架还不太完美的机器只是拍摄一些卡门的舞蹈，意大利琴师与猴子的游戏，以及一个人吸雪茄的简单片段。不久，爱迪生把一张神秘的设计草图交给迪克逊说："马上动工吧，我们需要它。"

1893年1月，爱迪生实验室的空场上建起了一座长方形的大木棚，外面涂满了黑色沥青，也没有窗子。人们议论纷纷，不知道爱迪生又在搞什么名堂。其实，这是爱迪生发明的世界上第一座活动电影棚。这个电影棚设计得非常巧妙，上面有个活动的顶棚，而整个建筑又是架设在一个转轴上，摄影棚可以在围成半圆的铁轨上自由移动。无论太阳照射在哪一方，都能够全天候追随着阳光，以保证拍摄时有足够的光源。由于这座影棚涂满黑色的沥青，被大家昵称为"黑色玛利亚"。

有了摄影棚，爱迪生开始请来纽约著名的舞蹈家、拳击家、演员拍制各种影片，在初期只是一些简单的动作，可即使这样，人们依然很感兴趣。当这些简单的动作作为影像被放映出来时，获得了大家热烈的掌声。1894年4月14日，阿尔弗雷德·塔特在纽约百老汇大街开设了第一家"电影馆"，里面共有10架电影视镜，一场电影只能卖10张票，一张票可以看5部电影。首映那天，消息传出，立刻引起了轰动，电影视镜获得了成功。自1894年到1900年，爱迪生公司共生产了1000台电影视镜，以供美国境内的各大城市使用。

1895年4月21日，莱瑟姆兄弟在纽约向众人展示了自己的研究成果"望远显微两用镜"，而他们的这个所谓的成果是由从爱迪生那里购买的放映机改制而成，为此，爱迪生发表声明，强调自己早已经取得了电影放映机的专利权，严厉谴责这种侵犯别人合法权益的事件。经过此事，爱迪生意识到来自银幕电影的威胁，他马上转入银幕放映机的研究。同年，一位美国发明家弗兰西斯·詹金斯在托马斯·阿马特的资助下，成功地展示了一台自己创造的放映机。爱迪生看后很受启发，为了尽快赢得这场市场争夺战的胜利，他一改总是由他们团队自身独立完成研究项目的习惯，买下了詹金斯的凸轮运动专利，用来解决投影中的一个重要问题。

终于在1896年4月23日，爱迪生的“维太放映机”在纽约的科斯特-白厄尔的音乐堂首次放映了影片，引起了空前的轰动。当音乐厅的灯光渐渐暗下来，一束明亮的光柱照射在银幕上，银幕上出现了两名金发女郎，身着靓丽的衣裙，飞快地跳着雨伞舞。她们的动作是那样优美逼真。然后还展示了惊涛拍岸的场面，滑稽拳击等片段，最后以一名金发女郎的飞裙舞作为结束。人们在目瞪口呆中看完了这场世纪的奇迹表演，感觉是那么不可思议。当礼堂的灯一盏盏亮起来，观众们才回到了现实，他们情绪高涨地大声喊着：“爱迪生，爱迪生，爱迪生！”爱迪生也很激动，一次次地站起身来挥手致意。

由于爱迪生早前只在美国提出过电影放映机的专利，在国外深受他启蒙的电影放映技术早已经春色满园，群芳斗艳。1895年12月，巴黎的卢米埃尔兄弟以及1892年2月英国的罗伯特·鲍尔先后在本国的剧院放映电影。几乎是在同一时期，这几位发明家各自取得了不同的成绩。爱迪生在美国电影初期占有重要地位，他通过一系列的法律行动，战胜了他的一些竞争者。在美国只有两家“比沃格拉芙”“维太格拉芙”公司存在下来。1900年以后，随着美国移民数量的不断增加，无声电影这样简单易于接受的娱乐方式的需求量大大增加。但是，由于缺少竞争对手，使长期处于垄断的美国影片质量很差。

爱迪生公司的制片人埃德温·波特决心要让爱迪生公司为电影艺术的发展做出贡献。1903年他拍摄了一部有故事情节的影片《一个美国消防队员》，尽管这部影片制作粗糙幼稚，却很受观众欢迎。后来，在1903年波特编导摄制了美国第一部连贯的故事片《火车大劫案》。片中的枪战和激烈的追逐让现场的观众心跳不已，这部影片一部分在摄影棚中拍摄，一部分是在真实的松林中拍摄，并且成功地运用了剪辑的技术，这部仅仅8分钟的电影获得了巨大的成功。

爱迪生为了不让其他公司染指电影制作，他委托律师继续利用法律武器维护自己的专利权。并成立了“托拉斯”式的企业联合组织，由此获得了每年近百万美元的巨大收益。

爱迪生一直梦想着将影像和声音完美地组合在一起，创造出“会说话的电影”。早在新世纪初期，他在奥兰治乡村俱乐部就做过有声电影的研究实验。当时，他用留声机配合着电影的画面，人们可以清晰地听到瓷盘落地碎裂的声音、起床号的号音、犬吠的声音、政客演讲的声音，最后以星条旗永不落收场。尽管这次表演获得了成功，最后他还是暂时放弃了对有声电影的研究，转而投入到其他方面。其主要原因是，留声机的声音音量传送受到距离的制约。后来他又进行过电影字幕的实验。

爱迪生一直梦想着利用电影在教育界发挥用途，希望能够利用生动形象的影像直接向人们传授他们所要了解的知识。

在研究有声电影的过程中，爱迪生感到最困难的问题，就是无法收集到远处的细微的声音，直到他发明了“收音器”，凡是距离不超过40尺的声音，无论声波大小，都可以收纳。他将这超级灵敏的收音器，连接在高速照相器外面，这便制成了有声电影的制片机。在制片的时候，演员表演的同时，摄制人摇动手柄，摄像和录音就可以一起进行。放映的时候，留声机就放置在屏幕的下端，中间有一根电线和放映机相连，操作的时候，放映员打开开关就可以操纵那留声机，声音和动作非常同步，再也没有先后快慢的弊病。

天有不测风云。1914年12月9日，突如其来的一场大火点燃了爱迪生的影片实验室。火借风势，再加上实验室中放置有大量易燃的化学制剂，等爱迪生闻讯赶来时，这里已然成了一片火海。已经67岁的爱迪生却表现得异常冷静，在救火现场，他一面用本子记录，一面注意观察着消防队员，他的举动让大家难以理解。这场大火，把西奥伦治的7幢实验室大楼化为一片焦土，直接损失达到了300万美元左右，这在当时，可是个不小的数字。尤其是米娜，几度伤心欲绝：“多少年的心血啊，如今付之一炬。我们已经上了年纪，重建这样的实验室，谈何容易？”爱迪生反过来安慰她说：“不要紧，亲爱的。别看我已经67岁，可我并不老，我还可以工作，明天早上，一切都将重新开始！”

果然，第二天一早，爱迪生就带领他的队伍开始了重建工作，他乐观开朗的情绪感染了大家，让大家从沮丧中重新振奋。而且，他在此次火灾救援过程中发现消防队员在黑暗中举步维艰，于是他发明了一种便携式探照灯。

爱迪生对有声电影的实现功不可没，奠定了重要的基础。许多科学家们都在沿着他的思路进行着改进和创造，1923年有人尝试着利用蜡盘在电影胶片上录制音乐。1927年10月23日，华纳兄弟成功拍摄了第一部有声电影《爵士歌手》，宣布了默片时代的结束。

3. 无法可想的事情是没有的

爱迪生总是喜欢尝试着做一些他从未接触过的事情。

1880年，爱迪生在去长岛的调研中发现，绵延数十公里都是黑沙，这让爱迪生感到非常惊讶，暗自思忖：这么好的铁矿资源弃之不用简直是太可惜了。他对这些黑沙做了详实地记录，并将黑沙带回实验室做实验分析。在实验中发现，磁铁上吸满了细微的黑沙，爱迪生脑中灵光一闪，为什么不能把粉碎的铁矿砂通过磁铁来分离杂质呢？很快，他就研制出磁铁检矿机，并申报了专利。1881年，爱迪生在长岛南岸建了一座实验场。可是没多久突然刮了一场飓风，竟然把满岸的黑沙搬了家。爱迪生没有气馁，又在罗德岛建立了第二座工厂。但是由于生产出来的铁矿砂达不到质量标准，爱迪生终于死心撤回研究所。

由于美国工业的急速发展，钢铁的需求量大大增加。爱迪生进军铁矿的信心再次被点燃，而且他在新泽西州北部塞塞克斯郡发现了一座希望很大的铁矿。他买下了那座无人居住的森林，修筑了“爱迪生镇”，并利用优厚的福利待遇吸引大批的民工进驻这里。爱迪生在设计和建造这座矿山的时候，采用了先进的技术，而且尽量使用机械来代替手工，不仅节省了大量的人力，也为矿工们降低了劳动强度。为了更有效地经营铁矿，爱迪生在山脚下建立了铁矿石的储运仓库，新泽西的铁路线一直延长到这里的“爱迪生站”。

爱迪生采用新的选矿法，铁矿质量要比旧式机械生产的好得多，而且价格也比原来的磁铁矿低。他的矿还没有开业，就被很多钢铁公司看好，订单纷至沓来，爱迪生的钢铁梦想终于实现了，到1889年他的铁矿事业达到了顶峰。

但是好景不长，1890年在明尼苏达州的苏必利尔湖附近发现了储藏量很大的铁矿，而且品质好，还可以使用廉价的露天开采方式。这对爱迪生的采矿业打击很大，形势急转直下，铁矿石的价格降低了三分之一，爱迪生不得不低价亏本生产，最终导致他耗尽了所有的财产。几十年积累的财富顷刻间化为乌有，并为此负债累累。

经济上受到重创的爱迪生并没有因此而消沉，依然乐观地对大家开玩笑：“算了，这钱花得可真是痛快。我们又学到了一门学问，没有什么好后悔的。至于债嘛，我们还可以工作，慢慢偿还。”爱迪生这种坚毅乐观的性格让人不得不佩服，他毫不畏惧失败，对未来总是充满希望。

很快，爱迪生又调整好方向，把兴趣转向水泥制造业。他仔细研究了水泥业的市场前景，又从原来的采矿业中得到很多的经验，他觉得这个方向应该没有错。

1898年他在西奥伦治以西的森林中发现了石灰岩矿，800英亩的土地下蕴藏着大量的石灰岩。这让爱迪生欣喜若狂，抓住时机，立即购买下来。然后，搜集资料亲手进行采石场的设计，铁矿那些闲置的机械又都派上了用场。1902年，他的水泥厂已经开始生产水泥。与其他的水泥厂相比，爱迪生的水泥厂最大的特点是机械化，大量的机械动力装置把那些工人从繁重的体力劳动中解放出来。爱迪生一向富有挑战性，他对开始的日出产550桶，感到不满意，便设计出一种"长窑"，实验后产量果然增加很多。可他依然不满足，一次次地改进，产量节节攀升。1905年，爱迪生的水泥厂日产3000桶水泥，成为全美第五大水泥厂。到了1924年，已经达到日产7500桶。爱迪生正式成立了爱迪生·波兰特水泥公司。

水泥制造业给爱迪生带来了巨大的利润，在短短的三年时间就替他偿还了所欠的债务。他的成功完全取决于他正确的前瞻性：马车终将被电车或者汽车所取代，土路肯定不适合美国的高速发展，而水泥正是建造马路不可缺少的材料。

随着社会不断地进步，20世纪的美国已经进入了日新月异的电气时代。电的应用越来越广泛，在人们生活中已经成为不可或缺的一部分。通信方面有电报、电话，交通方面有电车，生活方面有电灯、留声机、电影等。电力给人们的工作生活带来了极大的便利和轻松。同时，电力的广泛应用也推动了美国工农业的迅速发展，社会经济的繁荣很快就赶超了英国。当时，电力来源主要依靠两个方面：发电机和蓄电池。发电机具有可以持续供应能源，取之不尽用之不竭的优点，但是由于体积庞大笨重，不便于携带，在很多需要电能的地方难以发挥作用。体积小巧玲珑的蓄电池似乎可以弥补这个缺憾，可在当时使用的那种蓄电池，储存不了太多的电量，而且质量也难以过关，甚至不能承受一点的颠簸，被人们称之为“短命鬼”。

电力来源的不方便，不仅让人们在生活工作中感到困难，也让爱迪生又发现了新的探索领域，他认为无法可想的事情是没有的。

1900年开始，爱迪生的工作计划里又多了一项：蓄电池。他首先分析了目前普遍使用的“铅蓄电池”，这是1880年由法国人福勒发明的，虽然较之以前的蓄电池有很大的进步，可还是存在两个致命缺点：第一，铅的分量很重；第二，蓄电量很小。爱迪生决定设计出一种不同于此的新式蓄电池，这种电池一定要体积小，便于携带；重量轻，搬运不费劲；成本低，让每个人都能买得起；电力强，能够长时间持续供电。爱迪生为了寻找合适的材料，吃不好，睡不着。有时候拿着汤匙却不往嘴里送，一副魂不守舍的样子。米娜无奈地看着痴心于研究的丈夫。有一次，他连夜工作，到了早上感到疲倦，他就枕着书睡着了。米娜早早地来到实验室，为他送来了早餐。见他睡了，没敢打扰他就走了。爱迪生的助手们想和他开个玩笑，就把那些丰盛的早餐藏起来，摆上一些空碟子。爱迪生醒来后，奇怪地看看空碟子，不敢确定自己是否已经吃过早餐，只见他摇摇头，收起盘子，准备开始工作。这让大家忍不住捧腹大笑。

根据他的研究，发现问题出在酸性溶液——硫酸上。因此他打算用碱性溶液代替硫酸，再找一种能和碱性溶液发生反应的化学物质来代替铅。转眼时间已经过去了5个月，他实验了9000多种材料，还是没有什么结果。在他那张大大的工作台上，摆满了大大小小的蓄电池。每一样他都会亲自实验，朋友们问他："做了那么多次实验，都没有结果。浪费了你宝贵的时间和精力，你不后悔吗？"爱迪生听了，笑笑说："有什么好后悔的啊，现在知道了那么多种物质是不能用的，不也是结果吗？"

对于失败，爱迪生认为每一次都是宝贵的经验，很乐观地去迎接。经验积累的多了，他逐渐从中找出方法，方向也渐渐明朗起来。他用氢氧化钠溶液代替硫酸，用镍和铁代替铅，制成一种新型镍铁碱性电池，由于氢氧化钠溶液对于镍和铁没有腐蚀作用，完全克服了铅蓄电池"短命"的缺点，终于获得了成功。

1902年夏天，他为了实验新式蓄电池的机械强度和耐久性，用新电池装配了6台电动车，让他的6名助手每人一台，每天都要按照他设计的行程跑满100英里，他设计的路程中都是各种坡道以及颠簸难行的路线，令几位参与实验的助手苦不堪言。爱迪生为了激励他们亲自参与试验，试验结束后，他还满怀信心地要制造出时速25英里的性能优良的电动车。

1903年，爱迪生开始对这种新式的蓄电池进行抗破坏力的实验。他让助手们把成批的蓄电池搬到振动台，经过高频率的振动，检验抗震性。再搬到窗台上，然后从高处推下去，检验抗摔性。最后，装在手推车上向石头上撞，检验抗撞击性。就这样，经过几个月反复的"折磨"，这镍铁碱电池终于经受住了考验。爱迪生决定开始大规模生产，在西奥伦治的银湖边建起了一座工厂，专门从事镍铁碱蓄电池生产。这年夏天，第一批新式蓄电池经过严密地检验后正式出厂了。被"短命"的蓄电池伤透了脑筋的人们，听到这个好消息，纷纷到市场上抢购。各大报纸也用明显的标题关注这件事，纷纷说"魔术师最近创造的奇迹"、"这是电力世界的一次革命"、"爱迪生完成了不可想象的事情"。投放到市场上的那批新式蓄电池很快就被抢购一空，爱迪生加大了生产力度以满足巨大的市场要求。可是几个月后，使用中的新式蓄电池出现了严重问题：在车辆行驶过程中，蓄电池中的液体会流出来，出现了电力衰减的情况。爱迪生得知后立即停止向市场上销售，不仅如此，他还召回了使用中的蓄电池，以免出现重大的事故。他不仅停止生产，甚至退钱给买电池的人。很快，这种电池在市场上销声匿迹了，因为还没有合适的替代品，这可急坏了经销商和广大用户，就连爱迪生研究所的助手们都对他的这个决定感到莫名其妙。底特律的几家工厂甚至派代表找到勒威林实验室来请求恢复电池的供应。他们说："爱迪生先生，您高度的负责精神，我们万分钦佩。能有尽善尽美合乎理想的电池用，当然是最好不过的。可就目前来说，您停止供应的那一种，已经比原来的铅蓄电池好过不知多少倍，因此我们迫切地要求，希望立即在市场上重新见到它。”爱迪生对大家的关心表示了感谢，他解释给这些焦急的消费者：“我之所以要停止生产，是因为这种电池的缺陷让我自己都难以满意。我要集中精力，克服漏电问题的工作，马上就要开始。至于什么时候恢复供应，要看什么时候可以解决这个问题来决定。”他严谨的科学态度让人们既佩服又感到有些无奈。

从此，爱迪生带领着勒威林实验室的助手们又开始了蓄电池的攻关战，寻找着电力衰减的病因和解决方法。实验室的记录簿上的数字一次次地被刷新着，到1905夏天，数字已经达到10296次，到了1907年，成功还是遥遥无期，又开始有不同的声音出现，讥讽他又在做不可能的事情。爱迪生回应道：“任何问题，都有解决的方法，无法可想的事情根本不存在，如果你真的弄到无法可想的地步，那也只能怨自己是个笨蛋、懒汉。”他凭着这种“无法可想的事情是没有的”精神，满怀信心地带领研究人员一次次刷新着实验室记录簿上的数字。

他为了寻找一种3位科学家在夏洛特新发现的过渡金属钴，带领小儿子查尔斯和3名助手，从西奥伦治出发奔赴夏洛特，路途遥远偏僻，没有旅馆，他们就搭建帐篷露营。经过千辛万苦，解决了很多复杂的技术问题，终于在1909年漂亮地完成了这项工作，研制出一种相当理想的镍铁碱电池。1910年开始大批量投入生产并供应市场。直到今天，我们还在使用这种蓄电池，大家为了纪念这位伟大的发明家为此做出的贡献，将这种蓄电池称为“爱迪生蓄电池”。

4. 在大战风云中

1914年的夏天，欧洲发生了一场波及全世界的世界大战，当时世界上很多国家都卷入了这场战争，这是一场非正义性的战争。热爱祖国向往和平的爱迪生不希望战火蔓延到自己的祖国，他愿意为了祖国的和平安宁而去做一些工作。但这位杰出的发明家在政治和军事上的无知让人感到哭笑不得。由于他曾经出访德国，对德国有着片面的了解，却对犹太人有着极度的偏见，曾经发表过一些显得非常幼稚的言论，他认为世界大战的起因源于犹太人的罪恶，他的观点引起了很多正义人士的反对，以至于他成了众矢之的。在某种程度上，使人们对这位享有很高声望的发明家有些失望。

爱迪生聪敏的商业头脑首先想到战争会对自己的事业产生重大的影响。因为爱迪生唱片厂需要大量的苯酚作为原料，而这些原料主要是依赖英国进口。战争爆发后，原料问题自然会受到影响。爱迪生首先想到的是自己要能够生产出所需要的原料，他立刻动手把生产蓄电池的镍工厂一部分改造成苯酚制造厂，爱迪生仔细研究了五六种苯酚的制造工艺，最后缩减到两种，继续实验后终于确定了使用硫酸工艺。为了能够尽快投入生产，爱迪生聘请了40多名化学专家和绘图员，日夜奋战，以最快的速度投产，20多天就生产了700磅的苯酚。随着生产规模的日益扩大，产量大幅增加，已经超过了自己唱片厂的需要。而此时，由于战事需要大量的苯酚，因为苯酚可以转化为苦酸，而苦酸是制作多种炸药的必要成分。爱迪生的化工厂的产品供不应求地被各种代理人包销。

天才的爱迪生只有想不到，没有做不到的事情。战争时期，橡胶公司需要大量的苯胺，由于原料奇缺，濒临破产。他们找到了爱迪生，向这位天才的科学家求助。爱迪生临危受命，又是带着助手们连续昼夜研究开发，没出几个月，就在苯中提炼出了苯胺，解了橡胶公司的燃眉之急。这件事情一传十，十传百，其他需要化工原料的公司也纷纷向爱迪生求助，有的要皮毛染色剂，有的要苯胺盐，爱迪生再次成了无所不能的魔法师，到处伸出援助之手，为他们提供着所需的产品。

渴望和平的爱迪生一点都不希望美国卷进这场战争中，他认为美国拥有先进的武器就不会担心被攻击，他主张建立纯粹用于防卫的武装力量。1910年起，他潜心研究用于潜水艇上的蓄电池，实验中，美军的海军军官向他描述了潜艇上官兵们面临的最大危险——氯中毒。爱迪生用了两年的时间解决了这个问题，他设计出一种新型的水下应用的蓄电池，用氢氧化钾溶液代替硫酸，根除了氯中毒。而且这种新式的水下蓄电池一下子把潜艇的航程从100海里提高到150海里。战争爆发后，美国的两艘潜艇都被装上了这样新式的蓄电池，这种新式蓄电池坚固耐用，使用寿命可以达到4年到8年。布鲁克林海军基地邀请爱迪生参观了有安装新式蓄电池的潜艇参加的军事演习，他的到来受到了广大官兵的热烈欢迎。

爱迪生希望可以将科技应用到战争中，他曾经幻想过用电来取消枪支弹药的可能，这样可以增加防御力减少杀伤力。19世纪90年代他发明了命名为“西姆斯—爱迪生”的鱼雷，可以在距离舰艇前3公里的地方利用电遥控来发射。他的很多发明都被应用于战争之中。

1915年爱迪生向美国政府建议设立一个科技研究机构，由海军、陆军和政府三方共同控制。可以用最新的研究成果制造出最有效的战争工具，使海军和陆军的技术不断进步，强大本国军队的力量。他的这个提议引起了海军和政府的高度重视，7月7日，海军部部长丹尼尔斯读到这篇报道后，致信于爱迪生，希望美国人发挥聪明才智，积极研究制造出可以应对新型战争的军事设施设备。他打算建议成立一个这样的研究机构，盛情邀请爱迪生能够出任这个机构的总负责人。1915年7月13日，爱迪生的总工程师代表他赶赴华盛顿发表声明，愿意接受丹尼尔斯部长的邀请，将联合美国航空学会、美国化学会、美国电化学学会、美国电工学院、美国采矿工程学院、美国数学会、美国航空工程师会、美国采矿工程师会、美国土木工程师会、美国发明人协会等11个科研团体联合组成海军顾问委员会。爱迪生被推选为委员长，同时邀请米勒·里斯·哈钦森(M·R·Hutchison)加入，威廉·桑德斯(William Saunders)担任主席，爱迪生与丹尼尔斯约定好他只担任顾问，并不涉及行政管理等事务。这个机构是由海军总长办公室指挥，第二年的8月26日，国会确认其为合法机关，而且规定了其地位。

1915年秋天爱迪生参加了在旧金山举办的泛美博览会。

盛况空前的博览会上，爱迪生受到人们的热烈欢迎。这个博览会奇特之处在于，像一场盛大的宴会，所有的事物都是用电来加工生产出来的。在那个时代，可以用电来加工食物，的确是件很奇妙的事情。博览会为了表彰爱迪生把人类从黑暗中解放出来，为人们带来了光明，特意将10月21日命名为“爱迪生日”，同时也是纪念电灯发明36周年。在这次博览会上，爱迪生再次见到了老朋友，福特汽车公司的创始人——亨利·福特。说起福特，他还有段类似爱迪生求职的经历，后来成为爱迪生在底特律发电所的雇员。那是1896年，福特只身一人来到底特律求职，当他来到“火力发电所”递上自己的简历，毛遂自荐并请求约见经理，希望能获得一份有关蒸汽引擎的技术工作。但是当时的负责人只是看看他，然后请他去修理一台正在出现故障的蒸汽机。聪明的福特知道这就是一场入职考试，他立即动手研究，找出问题所在。下午6点就把这台反复出现问题的蒸汽机的引擎修理好了，让在场的人都很惊讶，就这样他如愿以偿地获得了技师的工作。由于他在工作中的优异表现，深得爱迪生的重用，十个月后就被任命为所长，月薪达到100美元。在某些方面，他与爱迪生有很多的共性，例如他对科学事业的无私奉献精神和对待科学研究严谨执著的态度。他在研究汽油引擎的时候，也是不分昼夜地思考，不厌其烦地反复实验，以求得能够制造出最佳品质的成品。并且对爱迪生的发电所的工作进行各种改良，大大地提高了工作效率。福特的敬业得到了爱迪生的器重，后来任命他为爱迪生公司的总工程师。福特也十分崇拜爱迪生的聪明才智和优秀品质。当他的汽油引擎实验成功后，首先拿给爱迪生过目，爱迪生非常赞赏他的才能，表示非常看好他的未来。引擎是动力的来源，汽油将会是电力之外的另一种动力能源。他希望福特能够忍受艰苦，继续深入研究，为人类社会造福。受到爱迪生激励的福特更加努力，后来独自开办工厂，成为了美国的“汽车大王”。从此以后，两位天才的发明家结为好友，在科学的道路上互相勉励。1915年，同样热爱和平的亨利·福特组织了“和平之舟”前去欧洲游说，想从中斡旋，尽力说服参与战争的国家互相妥协而结束战争。爱迪生非常支持他，带着妻儿前去为他送行。尽管爱迪生也不希望战争发生，他还是在为美国的战争防御尽自己最大的努力。

1917年的1月，爱迪生受丹尼尔斯的邀请，开始进行关于军事的研究发明。他把自己的事务甚至一些正在进行的实验完全托付给副手和他的助手们，专心致力于美国海军的防御体系的研究工作。1917年2月，德国疯狂地使用鱼雷击毁了几艘美国渔船。1917年4月6日，美国正式加入到协约国向德国宣战。对德宣战后，爱迪生俨然成为一名军事将领，始终不离开海军部，数次巡航到深海，进行实地测绘。他邀请了四位普林斯顿大学的物理学家前来辅助他的工作。康普顿是其中之一，当他刚刚抵达，就接受了爱迪生的任务，要求他马上改进鱼雷的推动装置，增加鱼雷的载药量。为了防范德国潜水艇的袭击，爱迪生特别邀请来古力奇博士参与研究计划，古力奇博士是曾经改进了爱迪生电灯的科学家。英雄所见略同，两位科学家一致认为最好的防御办法是发明一种“水下听音机”。古力奇博士果然不负众望，没过多久就研制发明了能发现三海里内是否有潜水艇的“潜水艇探测器”，这个发明让美国在战争中的损失大大减少。为了使美国潜水艇能够敏捷地避开敌方的鱼雷，爱迪生又在设想可以研制出一种“调向装置”。调向装置的实验成功，为潜水艇扫除了来自敌方鱼雷的威胁。

爱迪生通过美国海军搜集了大量翔实的资料，他获得了在开战以来被潜艇击沉的船只的时间地点等信息，他根据这些资料分析还原出很多细节，经过研究得到了一个惊人的发现：多数船只在遭受潜艇攻击的时候都是在它们曾经航行过的航线上，而且多数船只是在白天遭受攻击。爱迪生不满足于简单的推理，他又设计出一种立体的海图，经过模拟实验，终于研究发现了一种相对安全的途径，可以顺利地接引船只入港。

爱迪生在海战方面还有很多的设想，如在近海设置浮标来人工监视海域，如果发现附近的海域有潜艇出没，马上用无线电联系海岸。如果船只使用无烟煤作为燃料，去掉烟囱或者将其伪装起来，那么安全率会大大增高。他潜心研制着在海战中用于防御的各种物品，大概有39种之多，这些发明几乎都是由爱迪生本人来完成，海军部的人员来协助。从他的这些发明都是防御性的军事用品，而非攻击性武器，可以看出，爱迪生希望和平反对战争的意愿。大战结束后，美国海军部为他颁发了特殊勋章，他是唯一一个获得此项殊荣的平民。

爱迪生爱国心切，并没有考虑到海军部的传统作风。当他以一个平民的身份加入到海军部，并且参与军事管理和指挥时，引起了海军部内部很多官员的质疑。他们怀疑爱迪生的能力，是否可以帮助美国海军打赢这场战争。在战争结束之后，爱迪生似乎明白了这一点，因为他发现他煞费苦心耗尽精力创造的这些战争防御物品，并没有实际发挥出它们应有的作用。很多成功发明并没有得到实际应用，还只是停留在“发明”而已。爱迪生认为问题出在那些保守的官员身上，他们不喜欢一个平民来插手海军的事务，这些人非常固执和封闭。他们请来爱迪生无非是想利用爱迪生的名望和威信，让人们可以信任政府。即使这样，爱迪生也毫无抱怨，他知道自己更需要做的是继续进行发明创造，更好地为大众服务。因此，在1918年的11月，已经71岁的爱迪生辞去海军顾问委员会的职务，重新返回到勒威林的实验室。他认为自己还年轻，有的是时间去进行各种研究和发明创造。

5. 晚霞别样红

爱迪生进入晚年后，已经是美国声名显赫的人物，他依然勤奋工作，秉承着朴实无华的作风，他毫不介意自己的饮食和衣着。但他的生活方式略有改变，开始喜欢利用空闲时间与三两好友一起结伴出外旅行，感受大自然对人类的赐予。他常常叫上亨利·福特和约翰·布朗博士，甚至包括美国总统哈丁也偶尔参与他组织的自助游。

1919年的夏季，他们又聚集在一起，穿过斯莫基山脉，来到西弗吉尼亚，又南下到阿什维尔，辗转到谢南多亚河谷，最后抵达马里兰州，全程用了两周的时间。他们此行开了3辆汽车，其中有一辆设计得非常巧妙，里面不仅有个大型的汽油炉，还配备有食品柜和电冰箱。当他们遇到风景秀丽的好地方，或者湖边，或者谷底，几名好友一起选地宿营。伴着悠悠湖水和漫天的繁星，在火炉上烧烤美味的食物，然后取出冰爽的啤酒，把酒临风，快意人生。这样愉快的旅行让爱迪生感觉身心愉悦，不仅得到了休息也增长了不少见闻。1921年，他再次组织出行，这次他们的队伍很是庞大，他们都带着各自的夫人以及孩子同行，哈丁总统也欣然接受他的邀请，带着美国第一夫人在一个周日的下午加入到他们的队伍中，由于他身份特殊，又增加了二十几名随从。最终，搭建了20座帐篷，组成了一个浩浩荡荡的旅行团。在1924年组织旅行后，爱迪生有些厌倦了有太多随从人员参加的旅行，这已经失去了他寻求宁静、享受自然的初衷，因而他的旅行计划告一段落。

年过七旬的爱迪生依然和年轻人一样勤奋地工作着。旺盛的精力让人完全感觉不到他是位老人，他对一切事物都非常有兴趣，充满着乐观精神。即便是已经获得了极高的声誉，依然保持着原来的工作和生活的习惯。每天早上都是早早地来到实验室，工作时间不会少于16小时，依然精力充沛。有人问他何时退休，他总是爽朗地笑道："这个问题，我还没有考虑过，估计是到我的葬礼之前。"

在他81岁生日那天，他的亲朋好友为他在纽约的阿斯托饭店举办了隆重的庆祝晚宴，可是在宴会开始后，却迟迟不见主人入场。大家在惊诧之余收到了一封来自迈尔斯堡的电报："感谢大家的光临，我此刻正在愉快地工作。"爱迪生的好友梅多克洛夫特向大家透露了一个秘密：爱迪生先生此刻正在研究一个神奇的课题，他有个大胆的设想，希望可以在植物中提炼出橡胶来，这样一旦有战争发生，需求量日益增长的橡胶原料也可以不需要依赖于进口了。

植物学对于爱迪生来说是个全新的研究领域，爱迪生很乐于向这个从未涉足过的领域挑战。现在，他全身心地投入到寻找能够提炼橡胶的植物中，他翻阅参考了大量的资料，那些报纸杂志足足可以装满5英尺高的书橱。他想从寒带的植物葡萄藤、灌木以及杂花中提炼出橡胶。他带领7个助手，收集并实验了945种不同类型的植物，他惊喜地发现很多种植物中都含有橡胶的成分，这更加确定了他的研究方向。他将迈尔斯堡的植物学家们派往世界各地去寻找可以提炼乳胶的植物，在一年左右的时间里采集到大约3000种植物。爱迪生对14000种植物进行了研究分析，有几种菊科植物富含橡胶成分。爱迪生开始优选出乳胶产量高的几种植物进行杂交，终于获得了一种高达12英尺的植物，他把这批植物送给了费尔斯通，费尔斯通用其提炼出大量的橡胶并制作成福特旅行车的四只轮胎。爱迪生非常看好橡胶事业的前景，他继续去寻找降低成本的方法。可惜，他因为患上了肾功能失调综合征，不得不将此项任务交给他的助手们。

1929年10月21日，是爱迪生发明白炽灯的50周年纪念日，邮电部门为此特别发行了一枚印有白炽灯的邮票，写着

"爱迪生的第一盏灯"。

亨利·福特说要给爱迪生送上一份神秘的礼物，好奇的爱迪生随他乘车来到密歇根州的迪尔本，一座长方形教堂式建筑赫然进入眼帘，那白色的篱笆、华丽的办公室、低矮的机器室、烧炭棚，地上是新泽西特有的红褐色的黏土。"门罗公园"还原再现眼前，众人都惊愕不已。一切都是那样熟悉，往事一幕幕涌上心头，爱迪生的眼睛湿润了，只见他缓缓走进那熟悉的实验室，坐在工作台前的椅子上，触摸着一件件他曾经使用过的实验工具。所有的人们都敛声屏气，不敢打扰这位为了科学事业奉献了一生的老人。更让他惊奇的是，他的身后跟随着门罗公园曾经的追随者们，尽管岁月改变了他们的容貌，却难以抹去他们在门罗公园工作中培养的那种善良执著的气质。看得出，福特为了这一刻所付出的巨大努力，他不仅按照原来的比例重现了门罗公园实验室，还特意从新泽西拉来了其特有的红色黏土。甚至从门罗公园的垃圾堆里翻出了爱迪生曾经打碎的老钵的碎片，重新拼接黏合。他遍寻世界各地将曾经在门罗公园工作过的人员一一找回，就为了这一刻的惊喜。爱迪生老泪纵横，对他表示感谢，说这个建筑以及陈设几乎可以以假乱真，准确率达到了90%。福特听了不服气地问："那10%的遗憾在哪里？"爱迪生狡黠地笑了，说："我们当时的地板可没有这样干净过。"

21日上午，天气渐渐转阴。美国总统胡佛及其夫人的专列正点抵达，爱迪生携米娜前去迎接，他们一行人乘坐着老式的火车前往福特历史博物馆。在火车上，白发如雪的爱迪生突然拿起服务员的篮子，颤颤地喊着："谁买糖果，报纸……"原来，他在重温着他少年时代的生活。一个火车上的报童成长为今天的科学巨匠，经历了怎样的困苦和历练，这一切都归功于他乐观执著的精神和对科学追求不灭的信念。

胡佛总统亲自搀扶爱迪生走下火车，参观访问了福特历史博物馆。在夜幕悄悄降临的时候，他们来到"实验室"参加庆典。全美国有数百万的听众守候在收音机旁，等待着现场的记者直播实况解说。"实验室"里灯光昏暗，爱迪生将在"实验室"里重现50年前的场景。当一切工作准备就绪，爱迪生起身接通电源，随着压力的增加，实验室内的灯光逐渐明亮，霎时间，周围的灯光也纷纷亮起，终于如同白昼一般。同时，美国各个城市在此刻全部点亮灯光，以纪念爱迪生为人类带来光明的丰功伟绩。

宴会中，胡佛总统首先发表演说，盛赞爱迪生为人类生活的幸福做出了伟大贡献。他特意邀请爱迪生夫妇坐在宴会桌的首席。

世界各地的科学家们有的发来贺电，有的不远千里专程赶来亲自向他祝贺，参加这次科学界盛典的500位来宾都是来自《世界名人辞典》中的人物。包括法国著名科学家、镭的发现者居里夫人，航空技术的首创者莱特先生，银行家卡恩等著名人物。电话那端传来了德国著名的科学家，相对论的创始人爱因斯坦教授向他祝贺的声音。

82岁的爱迪生今天特别兴奋，讲话的时候声音很高，他对到场的嘉宾们表示感谢，并谦逊地说："如果我们或多或少地激励了一些人的努力，我们的工作，曾经或多或少地扩展了人类的理解范围，因而给这个世界增添了一份欢乐，那我就感到满足了。”全场再次掀起高潮，经久不息的掌声中，米娜发现丈夫的脸色苍白，额角已经冒出汗珠，他在艰难地支撑着自己的身体。米娜大惊失色，急忙上前搀扶他退出宴会，来到隔壁的房间休息。

在宴会隔壁的房间里，爱迪生面色惨白，冷汗涔涔，软软地靠在椅子上，一声不发。吓得米娜尖声呼喊，叫来了胡佛总统的随身医生，为他注射了强心剂，他才渐渐苏醒过来。

那次昏厥以后，爱迪生的身体状况每况愈下，胃口越来越差，脸庞也日益消瘦。米娜为他请了很多名医，都不见起色。由于体力不支，爱迪生去工厂的次数减少了，对工厂的管理也逐渐交给助手去处理，但是关于公司的决策他还是坚持由自己亲自决定。

1931年的6月，美国经济进入了萧条期。在大西洋城召开的一次电灯会议上，与会的代表们听到了由爱迪生亲自拍发的电文，他热情洋溢地说：“我要对你们说的是，要勇敢面对。在我漫长的人生旅途，见证了工商业的多次萧条，历史在不断地重演。每次萧条过后，美国都会更加繁荣，这是历史的必然阶段，你们要像你们的父辈一样的坚强勇敢，坚定自己的信念，勇往直前。”这份电文，是爱迪生生命中拍发的最后一份电文。

7月，他又去加利福尼亚州的橡胶栽培实验场指导工作。他面对着新培育出来的三公尺高的橡胶植物，充满信心地说：“再过五年，美国就可以不依赖进口橡胶了。”

8月，爱迪生的身体越来越孱弱，病情开始恶化。他被医生诊断出患有严重的布莱特症、尿毒症和糖尿病。他的病情得到了全国民众的极度关注，医生为了安抚公众的情绪，不得不每天公开他的病情，并以积极的心态期望爱迪生能平安地度过危险。病床上的爱迪生依然保持着乐观的心态，坚持和医生讨论治疗方法，研究各种药物的功效。甚至在每次验血后，他都要亲自到显微镜前观察，亲眼看到化验结果。在他的积极配合下，病情一度好转，甚至可以在每天下午驾车出游遛弯，这真是个奇迹!

可是到了9月，爱迪生的病情再一次恶化。他依然乐观地与病魔顽强地抗争着，直到10月4日，爱迪生陷入了重度昏迷，医生已经回天乏术，沉痛地对米娜说：“夫人，先生的情况有些不妙，但请您不要难过。生老病死都是自然界无法抗拒的规律。还请您准备好先生的后事吧。”望着病床上满头银发的丈夫，婴儿般安详地躺在宽大的床上，时而微睁双眼，时而陷入酣睡，尽管他对亲人的关怀已经没有反应，但他的脸上却总是挂着笑意。悲痛欲绝的米娜在亲友的帮助下，开始筹备爱迪生的身后之事。爱迪生的病情牵动着大家的心，每天他的寝室门前都会有来自世界各地的人们前来看望他，慰问信和电报雪片一样涌来。教皇发来两次电报慰问，胡佛总统更是关注，每天都要听取爱迪生病情的进展。所有的人都在为他祈祷，希望上帝保佑这个天使一样的人物恢复健康。

在最后一次陷入重度昏迷之前，他微微睁开双眼，很努力地将头转向寝室的窗子，透过透明的玻璃窗，他想再看看这可爱的人间。也许在他的眼中，又看到了青翠欲滴的山谷，清澈如镜的湖水，微风轻拂着在草地上嬉戏的他的孩子们。“那边可真美啊……”他的眼中充满了美好的希冀，喃喃自语。

1931年10月18日，星期日的凌晨3点24分，一代伟人科学巨匠爱迪生走完了他84年的人生旅程，安详离世。弥留之际，他在昏迷中清醒过来，看着陪伴了他多年的妻子米娜，翕动着双唇，费力地说：“我为人类的幸福，已经尽了心力，没什么好遗憾的了。”然后带着宽慰的笑意，慢慢合上了眼睛。在场的人们无不为之感动，米娜早已泣不成声。

爱迪生辞世的消息传出来，举国上下都陷入了极度的悲哀中。各界人士的唁电纷纷涌向爱迪生的家，米娜以及爱迪生的6名子女忍住失去亲人的悲痛，不停地接待着来自四面八方的悼念者。他们提出了千百种建议，来纪念这位传奇的大发明家。德国传记作家埃米尔·路德维格主张为纪念爱迪生为人类的光明做出的巨大贡献，全世界的电灯关闭一分钟。更有人建议全美国境内切断电源一分钟，可这有些不切实际。

爱迪生的葬礼于1931年10月21日下午举行。他被安葬在他在西奥伦治家中的大橡树下。整个美国境内的所有电灯都自愿地熄灯一分钟，顷刻间，芝加哥、加利福尼亚、丹佛、纽约等地陷入了黑暗中，以纪念这位光明的使者。随即，从城市到乡村，又全部点亮灯光，那一盏盏白炽灯发出耀眼的光芒，那是爱迪生用智慧点亮的世纪之光。

Appendix

附 录

THOMAS EDISON

生平简介

托马斯·阿尔瓦·爱迪生（Thomas Alva Edison，1847—1931），是位举世闻名的美国电学家、科学家、发明家及企业家，是一位深受人们爱戴的科学巨匠。他所涉及的研究领域非常广泛，在矿业、建筑业、化工等领域也有不少著名的发明创造和理论实践。作为发明家，他发明了留声机、电灯、电话、电报、电影等，为人类社会文明的发展做出了卓越贡献。作为科学家，他不断地在探寻人类的需要，让科学研究成果更加具有实用性，为人类谋求幸福。作为企业家，他1890年组建的爱迪生通用电气公司（Edison General Electric Company），其两个主体业务组成了大名鼎鼎的通用电气公司（GE）。

他出生于美国俄亥俄州的米兰小镇的农民家庭。爸爸塞缪尔起初做贩卖木板的生意，母亲南希曾经做过乡村教师。他在出生时，由于头颅明显大于正常婴儿的头围，曾被医生断言是先天性脑炎患者。

幼年的他具有很强的好奇心，遇到不懂的事情总喜欢刨根问底，甚至亲自实验，直到弄明白其中的奥秘为止。他的一生只读过三个月的小学，因为他自由不羁的想象力不能被学校的刻板教条所接受，不得不退学。退学后的他，师从于做过乡村教师的母亲——南希。是妈妈的宽容善良使爱迪生的天资得以充分显露，为他插上了自由想象的翅膀。

1861年，美国爆发了著名的南北战争。12岁的爱迪生抓住商机，在火车上贩卖报纸，赚得了他人生的第一桶金。同时，他借此机会博览群书，深深地扎根于科学知识的沃土。随后，他又编辑创办了一份报纸——《先锋周刊》。

1862年8月，爱迪生舍命救下一个在火车轨道上玩耍的男孩。而孩子的父亲是一位火车站站长，当他发现爱迪生对电报技术着迷，便主动教他免费学习，引领爱迪生去探寻这个神秘的新世界，踏上了科学的征途。

1863年，爱迪生就职于大干线铁路斯特拉福特枢纽站做电信报务员。从1864年至1867年，在中西部各地担任报务员，过着颠沛流离的生活。

1861年，他来到波士顿应聘报务员。同年，他发明了一种自动记录投票数的装置，并获得了他有生以来的第一项发明专利权。

1869年，他来到纽约寻找工作。一个偶然的机会他的技术得以展现，获得了一个更好的工作。同年10月，他与波普创建了“波普-爱迪生公司”，专门经营电器工程的科学仪器。在这里，他发明了“爱迪生普用印刷机”。获得利润后，在纽瓦克市的沃德街建了一座工厂，专门制造各种电气机械。

1872至1875年，爱迪生先后发明了二重、四重电报机。

1876年春天，爱迪生迁到了新泽西州，创建了著名的“门罗公园”研究所。他在这里建造了第一所“发明工厂”，标志着集体研究的开端。

1877年，爱迪生改进了早期由贝尔发明的电话，并使之投入了实际使用，并发明了划时代的神奇宝盒——留声机。

爱迪生在发明留声机的同时，经历了无数次失败后终于对电灯的研究取得了突破，1879年10月22日，爱迪生发明了具有广泛实用意义的白炽电灯，次年在纽约市建成了一座发电站。但他并不满足于现状，为使科学成果更加具有实用性，延长灯丝的寿命，他继续实验，大约试用了6000种纤维材料，终于找到了新的发光体——日本竹丝，可持续1000多小时。这项发明是爱迪生一生中登峰造极的成就。

1883年，他在做电灯实验时，发现了“爱迪生效应”，即热电子发射现象。同时，他又开始了对有声电影的研究，并在1889年实验成功，1891年申请了专利，1903年，他的公司摄制了第一部故事片“列车抢劫”。

爱迪生不仅是一位发明家，还从事矿业、建筑业、化工制造业，并且组建了几个公司，其中最重要的公司后来成为美国通用电气公司。

爱迪生在少年时遭遇横祸严重失聪，但他以勤勉刻苦、超人的毅力弥补了这个缺憾。他的一生中共完成2000多项发明，1928年被授予美国国会金质特别奖章。

他幸运地先后拥有两位爱他、理解他、支持他工作的妻子——玛丽和米娜。每位妻子都为他生下3个子女，共6个孩子。玛丽因病去世后，米娜走进了他孤寂的生活，负担起他所有的后顾之忧，并与他白头偕老。

1931年10月18日，爱迪生在西奥伦治逝世，享年84岁。

1931年10月21日，全美国熄灯哀悼一分钟，以纪念这个以他的发明大大改变并改善了各地人民生活的人。

获奖时代背景

19世纪末至20世纪初，恰逢世纪之交，可以称做发明的英雄时代。在这近半个世纪的时间里，世界经历了两次大规模的工业革命。尤其是第二次工业革命，将世界由“蒸汽时代”带入“电气时代”。

它以电力的广泛运用为显著特点。在电力的使用中，发电机和电动机是相互关联的两个重要组成部分。发电机是将机械能转化为电能；电动机则相反，是将电能转化为机械能。发电机原理的基础是1819年丹麦人奥斯特发现的电流的磁效应以及英国科学家法拉第发现的电磁感应现象。1866年德国人西门子制成了自激式的直流发电机。但这种发电机还不够完善，经过许多人的努力，发电机逐步得到改进，到70年代，终于可以投入实际运行。1882年，法国学者德普勒发现了远距离送电的方法；同年，美国发明家爱迪生在纽约建立了美国第一个火力发电站，把输电线连接成网络。

爱迪生与特斯拉的电流大战，把交流电技术成功地推广到全世界，使世界经济得到迅猛发展。

英国、法国率先实现了产业革命，德国、美国和日本紧随其后，完成了工业化的历史任务，成为发达的工业化国家。高度发展的工业带动了世界经济繁荣，使帝国主义逐渐兴起。由于帝国主义的掠夺和扩张，引发了第一次世界大战，后又发生了俄国十月革命，这些重大的历史事件和社会变革，对世界范围内的科学技术发展产生了重大影响。

爱迪生年表

1847年2月11日，出生于俄亥俄州米兰镇。

1854年，随全家迁居密歇根州休伦港。

1862年2月3日，在火车上创办《先锋周刊》报纸。

1868年10月11日，发明“按键式投票计数器”，获得生平第一项专利权。

1869年10月，与友人合设“波普-爱迪生公司”。

1870年，发明普用印刷机，出让专利权，获4万美元。在纽瓦克自设制造厂。

1871年12月25日，爱迪生与玛丽·斯蒂尔韦尔结婚。

1872—1876年，发明自动复记电报法，二重、四重电报法，制造蜡纸炭质电阻器等。

1875年，发明声波分析谐振器。

1876年，建立著名的“门罗公园”。发明炭精棒送话器。申请电报自动记录机专利。

1877年，改进了早期由贝尔发明的电话。获得三项专利：穿孔笔、气动铁笔和普通铁笔。

1877年8月20日，发明了留声机。

1878年10月5日，提出等一份关于铂丝“电灯”的专利申请。

1879年8月30日，爱迪生和贝尔在萨拉托加溪市的市政厅各自演示了电话装置，结果爱迪生的电话比贝尔的清晰。

1879年10月21日，发明高阻力白炽灯，它连续点燃了40个小时。

1879年11月1日，申请碳丝灯专利。

1880年，研究直升机。获得电灯发明专利权。制成磁力筛矿器。12月成立纽约爱迪生电力照明公司。

1881年，纽约第五大街总部设立。

1882年，发明电流三线分布制。申请专利141项。9月4日成立第一所中央厂。

1884年8月9日，凌晨，玛丽·爱迪生去世。

1885年5月23日，提出无线电报专利。

1886年2月24日，爱迪生在俄亥俄州阿克伦城与19岁的米娜·米勒结婚。

1887年，在西奥伦治建立更大的实验室。

1888年，发明唱筒形留声机，电影摄影机。

1889年，参加巴黎百年博览会。发明电力机车。

1891年，发明“爱迪生选矿机”。获得“活动电影放映机”专利。

1891年5月20日，第一台成功的活动电影视镜在新泽西州西奥兰治的爱迪生实验室向公众展示。

1893年，爱迪生实验室的庭院里建立起世界上第一座电影“摄影棚”。

1894年4月14日，在纽约开辟第一家活动电影放映机影院。

1898年，采矿业失败，转而经营水泥制造业。

1903年，爱迪生的公司摄制了第一部故事片《列车抢劫》。

1908年8月，提出水泥房屋专利。

1909年，费时10年，蓄电池的研究终于成功。制成传真电报。获得原料机、加细碾机、长窑设计专利。

1910年，发明圆盘式留声机，不损唱片和金刚石唱片。

1912年，发明“有声电影”。研制成传语留声机。

1914—1915年，发明苯酚综合制造法，并合留声机和授语机为远写机，一方电话机可自动记录对方说话。自行制造苯、靛油等。

1915—1918年，完成发明39件之多，其中最著名的是鱼雷机械装置，喷火器和水底潜望镜等。

1928年，从野草中提炼橡胶成功。

1931年10月18日，清晨3时24分爱迪生辞世，享年84岁。

1912年，爱迪生获得诺贝尔物理奖提名。

获奖当年世界大事记

（1921年）

1月1日，“中华民国”元年，孙中山在南京就任“中华民国”临时大总统。

1月6日，新墨西哥州加入美国。

1月7日，南非非洲人国民大会成立。

2月12日，溥仪宣读清室退位诏书，清朝灭亡。

2月14日，亚利桑那州加入美国。

3月1日，降落伞首次被使用。

4月1日，九铁沙头角支线正式使用

4月14日，泰坦尼克号撞上冰山。

4月15日，泰坦尼克号沉没。

5月5日，第五届奥林匹克运动会在瑞典斯德哥尔摩开幕。

5月13日，英国成立空军。

7月15日，16日，浙江省南部特大暴雨，浙南俗称“壬子年大水”。

7月30日，日本明治天皇逝世。

9月9日，袁世凯特授孙中山策划全国铁路全权。

11月27日，摩洛哥成为西班牙的保护国。

11月28日，阿尔巴尼亚宣布独立。

12月25日，阿里山林铁嘉义至二万平段通车营运。

图书在版编目（CIP）数据

爱迪生传 / 罗东毓 著.—长春：时代文艺出版社，2012.1（2023.7重印）
（诺贝尔奖获奖者传记丛书）

ISBN 978-7-5387-3898-8

I.①爱… Ⅱ.①罗… Ⅲ.①爱迪生，T.A.（1847～1931）－传记 Ⅳ.①K837.126.1

中国版本图书馆CIP数据核字（2011）第271629号

出品人 陈 琛
责任编辑 刘瑀婷
助理编辑 史 航
装帧设计 孙 俪
排版制作 隋淑凤

爱迪生传

罗东毓 著

出版发行 / 时代文艺出版社
地址 / 长春市福祉大路5788号 龙腾国际大厦A座15层 邮编 / 130118
总编办 / 0431-81629751 发行部 / 0431-81629755
官方微博 / weibo.com / tlapress 天猫旗舰店 / sdwycbsgf.tmall.com
印刷 / 三河市嵩川印刷有限公司
开本 / 850×1168毫米 1 / 32 字数 / 130千字 印张 / 6.5
版次 / 2012年4月第1版 印次 / 2023年7月第4次印刷 定价 / 36.00元

图书如有印装错误 请寄回印厂调换